Couverture et dos :
A Karnak, Amon

Pages 2/3 :
Tombe de Sennedjem

Pages 6/7 :
Gizeh : Pyramide et Sphinx

Page 11 :
Prêtre en prière, Basse Époque
Musée du Louvre.

Page 112 :
Pendentif au cartouche de Ramsès II
Musée du Louvre.

Crédit photographique :

R.M.N. : 11, 15, 16, 21, 31, 33, 35, 36, 39, 43, 45, 46, 48/49, 58/59, 61, 62, 65, 67, 68, 71, 73, 81, 112, 128.
Nguyen Thuc Diem : 51, 52, 55, 56/57, 97.
Martinez : 13
H. Champollion : 25, 26/27, 83, 84/85, 86/87, 88/89, 91, 94/95, 98/99, 106/107
Slide/Okapia : 6/7, 29, **Slide**/Lade : 29, 100, **Slide**/Mollenhauer : 40/41, **Slide**/Armsor : 100/101, 104/105. **Pix**/Erhardt : 2/3, **Pix**/Friedrich : 74/75, **Pix**/T.P.S. : 77, **Pix**/V.C.L. : 78/79, **Pix**/Revault : 102/103, 108/109.

Texte : A. Gros de Beler.
Collaboration : F. B. S. B.

Tous droits réservés
© MOLIÈRE
© VILO
ISBN : 2-7191-0679-8
Dépôt légal : deuxième trimestre 2005
Imprimé à Singapour

Les Pharaons

Hommes et Dieux

Aude Gros de Beler

Préface
Aly Maher el Sayed

vilo

PRÉFACE

Les Pharaons… Qui n'a rêvé à la seule évocation de ce nom qui porte sa part de magie et de mystère ? Qui n'a pas retenu son souffle devant le masque d'or de Toutankhamon ? Qui ne connaît les noms de Ramsès, Thoutmosis, Akhénaton… ?

Terme qui au départ signifiait la "grande maison" ou "le palais" du Chef ou du Roi, "Pharaon" en est venu à s'appliquer à tout ce qui est grand, à ce qui est le plus grand, c'est-à-dire au Roi lui-même. Mais le titre du monarque sacré a fini par se confondre dans la conscience collective avec toute cette civilisation que l'Egypte ancienne nous a transmise à travers les siècles.

En réalité, l'intérêt, l'engouement, la passion du monde pour les Pharaons, provient, dans une large mesure, du fait qu'ils ne sont pas seulement les ancêtres des Egyptiens modernes, mais qu'ils sont également les ancêtres, les précurseurs de la civilisation et de l'humanisme, et qu'ils demeurent une référence de l'histoire mondiale. Ils ont construit, étudié, conçu, découvert, inventé, imaginé, organisé, allumé le feu sacré du savoir à une époque où la presque totalité du globe était encore plongée dans l'obscurité. Ils ont dépassé le matériel et saisi la dimension du spirituel, nous offrant ainsi la possibilité de rêver à l'éternité…

A travers les millénaires, ils nous ont transmis un message forgé dans les murs des temples et des monuments que les pierres ont conservé intact… un message de sagesse et d'harmonie, de spiritualité et d'esthétique.

Le message du passé demeure d'actualité, et ce superbe ouvrage permettra, j'en suis certain, de mieux comprendre sa portée. Les siècles passent, mais l'Egypte reste elle-même, fière de son passé, fière de ses Pharaons, confiante dans son avenir. Elle, qui a tant contribué à l'enrichissement culturel de l'humanité, poursuit son apport au patrimoine universel.

Aly MAHER EL SAYED
Ambassadeur d'Egypte en France

SOMMAIRE

PRÉFACE : Aly Maher El Sayed 9

LE NIL, UNE VALLÉE FERTILE .... *12~27*
Trois mille ans d'Histoire
Le Nil 12
Les sources du Nil 12
La crue du Nil 14
Barrages sur le Nil 14
Au fil de l'histoire 16
Des problèmes de datation 17
Empires et dynasties 17
L'Égypte : un succès 20
Champollion et la "Pierre de Rosette" 22
La passion "égyptomaniaque" 26

PHARAON, DIEU INCARNÉ .... *28~43*
Le roi : attributs et fonctions
Les palais royaux 28
Histoires de complots 30
Pharaon, chef de l'administration 31
Pharaon, fils et serviteur des dieux 34
Pharaon, chef de guerre 37
Reines d'Égypte 42

DIEUX, CROYANCES ET RITES .... *44~59*
Les divinités du panthéon égyptien
Cosmogonies et légendes 45
Les dieux protecteurs de la royauté 47
Les divinités funéraires 50
Les divinités annexes 53
Rites et croyances 55
La momification 56
Croyances et cultes funéraires 56

LA SOCIÉTÉ, HOMMES ET SCIENCES .... *60~75*
Les différentes classes sociales
Vizirs et nomarques 60
Le clergé et l'armée 64
Scribes et artisans 67
Les paysans 70
Vie et mœurs à Deir el-Medineh 70
Les sciences 73

LES TOMBES, TRÉSORS DES PHARAONS .... *76~95*
Des pyramides à la Vallée des Rois
Le complexe funéraire de Djéser 76
Le roi Snéfrou 80
Le plateau de Gizeh 80
La fin de l'ère des pyramides 84
La Vallée des Rois 87
La Tombe de Toutankhamon 90
La Vallée des Reines 93
Les tombes royales de Tanis 94

LES TEMPLES, RÉCEPTACLE DU DIVIN .... *96~111*
Temples de culte et temples funéraires
Organisation des temples de culte 96
Le temple d'Amon à Karnak 98
Le temple de Louqsor 102
Le temple de Tanis 104
Les temples ptolémaïques 105
Fonctions des temples funéraires 108
"Châteaux des Millions d'Années" 109
Le temple de Séthi Ier à Abydos 110

ANNEXES .... *113~128*
Quelques repères 113
Hiéroglyphes .... 114~115
Rois et Reines .... 116~117
Les divinités .... 118~119
Petit lexique .... 120~121
La littérature .... 122~123

BIBLIOGRAPHIE .... *124~125*

LE NIL, UNE VALLÉE FERTILE

Trois mille ans d'Histoire

"L'Égypte est un don du Nil". À cette vision un peu simpliste d'**Hérodote**, nous ne pouvons qu'opposer celle, plus réaliste, des égyptologues modernes qui ne cessent de prouver que la plus grande victoire de la civilisation pharaonique reste, plutôt, cette fabuleuse capacité à avoir su exploiter au mieux les ressources d'un fleuve qui, certes, parcourait le pays, mais dont la configuration et, surtout, les caprices demandaient une gestion, non seulement parfaite, mais constante et assidue. Et, en effet, pendant près de trois mille cinq cents ans, des générations d'Égyptiens ont tiré profit d'une situation sûrement avantageuse au départ, mais demandant un travail acharné. Autour du fleuve sacré et béni, une civilisation des plus originales se développe, dont l'étonnante stabilité et la parfaite continuité ne peuvent nous laisser insensibles.

Cette expérience humaine, la plus longue jamais attestée, suscite, depuis près de deux siècles, un engouement tenace, où spécialistes et amateurs revivent, à travers les vestiges encore présents le long de la Vallée du Nil, la vie, l'histoire, la gloire et les déboires d'un peuple immortalisé à jamais.

Le Nil

Avec ses 6 671 kilomètres, le Nil est un des fleuves les plus importants du monde par sa longueur. Paradoxalement, il évoque l'Égypte mais, lorsqu'il y pénètre, il a déjà effectué plus des trois quarts de son parcours. Son entrée dans le pays est fracassante : six cataractes, régulièrement espacées, viennent perturber la tranquillité de son cours. Au nord, en revanche, il se divise en de multiples ramifications qui viennent se jeter dans la Mer Méditerranée, donnant au Delta cette configuration des plus particulières.

Quant aux rives du Nil, elles forment une longue oasis entre deux déserts : le désert de Libye à l'ouest et le désert arabique à l'est, prisés depuis la plus haute Antiquité pour leurs carrières de pierres de construction et pour leurs ressources minières.

Les sources du Nil

Pour les anciens Égyptiens, le problème n'existe pas : le Nil fait partie de l'univers. Il naît avec la première cataracte et disparaît dans les terres marécageuses du Delta : au-delà, c'est le néant. Plus nuancés, les Grecs et les Romains avouent ignorer d'où vient le Nil, mais ils situent ses sources au fond d'une vallée qu'il faut découvrir ; exploit considéré comme radicalement impossible, d'où l'expression latine *"quaerere fontes Nili"*, "chercher les sources du Nil", pour toute entreprise infaisable.

Hérodote, lui, déduit, de ses périples en Égypte, réalisés vers 450 avant J.-C., que *"les sources du Nil, qui seraient au fond d'abîmes, jailliraient d'entre deux montagnes appelées, l'une Crophi, l'autre Mophi"*. Quant à **Claudius Ptolémée**, scientifique du IIe siècle avant J.-C., il écrit que ses origines sont les "Montagnes de la Lune", aucune précision supplémentaire ne venant indiquer leur emplacement spécifique dans ses ouvrages.

En fait, le Nil résulte de l'union de deux fleuves, le Nil Blanc et le Nil Bleu, qui, tous deux, se rejoignent à **Khartoum**, la capitale du Soudan. Concernant le Nil Bleu, la découverte de ses origines remonte au XVIIe siècle, alors qu'un prêtre portugais séjournant en Éthiopie, le **Père Paez**, découvre le **Lac Tana**. À l'ouest, se jette un fleuve de faible envergure, appelé "Petit Abbai". Il ressort à l'extrême sud sous le nom de "Grand Abbai", qui n'est, en fait, que le Nil Bleu.

Carte de l'Égypte
Cette carte de l'Égypte remonte au XVIIIe siècle. Elle divise le pays en trois provinces : Égypte inférieure (en vert), Heptanomes (en jaune), et Égypte supérieure (en rouge). Aujourd'hui, même si les limites de chaque province demeurent inchangées, on parle beaucoup plus volontiers de la Basse-Égypte pour le nord et le Delta, de la Moyenne-Égypte et de la Haute-Égypte pour le sud. On voit que le Sinaï a été rattaché à l'Arabie Pétrée, l'actuelle Arabie Saoudite, alors que, dans le découpage moderne, il fait partie intégrante de l'Égypte. Outre quelques imperfections d'échelles et de contours, deux grands changements ont bouleversé la géographie de la région depuis cette époque : le creusement du canal de Suez, inauguré en 1869, qui relie la Mer Méditerranée à la Mer Rouge, et la construction du Barrage d'Assouan, mis en service en 1971, qui a entraîné l'énorme retenue d'eau du Lac Nasser.
Carte de l'Égypte, Crépy, 1767.

Ostracon en calcaire

Lorsque le support utilisé pour l'écriture ou le dessin n'est autre qu'un éclat de calcaire ou un tesson de poterie, on qualifie le document d'ostracon. En général, y figurent des pense-bêtes, des brouillons, des textes informels, des essais, des anecdotes... C'est notre papier volant, notre cahier de brouillon... Cet ostracon du Nouvel Empire retranscrit le Chapitre XVII du "Livre des Morts" qui fournit au défunt les formules à prononcer pour entrer dans le monde inférieur et en sortir à son gré : "Ici commencent les hymnes d'adoration à prononcer au moment où, sorti vers la Pleine Lumière du Jour, le défunt peut se manifester à volonté sous toutes les formes de l'existence. Assis dans une salle, il pourra jouer aux dames ou bien il entreprendra, en sa qualité d'âme vivante, de grands voyages. Il devra dire..." Suivent alors, en colonnes bien ajustées, les paroles sacrées à réciter par le défunt pour bénéficier de ce pouvoir.

Musée du Louvre.

Il faut attendre le XIXe siècle pour que se pose à nouveau le problème des sources du Nil Blanc, épopée qui n'a manqué de susciter, chez nos auteurs contemporains, quantité de livres, films ou autres documents. Le précurseur, **Speke**, affirme qu'il vient du **Lac Victoria**, énorme retenue d'eau de 68 000 km², soit un huitième de la superficie de la France, à cheval entre l'Ouganda, la Tanzanie et le Kenya. Plus précisément, il détermine les **Rippon Falls**, situées immédiatement au nord du lac, comme étant à l'origine même du Nil Blanc. Quant à ses contradicteurs, les aventuriers anglais **Baker** et **Burton**, ils parlent plutôt du **Lac Albert**, au nord-ouest du Lac Victoria, et du **Lac Tanganyika**, à la frontière entre le Burundi et le Zaïre.

Qui croire ? C'est le mystère que cherche à éclaircir le journaliste anglais **Stanley**. Après plus de sept ans de quête, il découvre, aux sources du Nil Blanc, le **Lac Victoria** : **Speke** avait raison. Mieux encore, il localise les fameuses "Montagnes de la Lune" de **Claudius Ptolémée**, le Ruwenzori des Africains, à l'ouest du **Lac Victoria**, rebaptisées, en commémoration de cette importante découverte, "Pointes Marguerite et Alexandra".

La crue du Nil

La crue résulte de l'abondance des pluies tombées dans les montagnes d'Éthiopie où naît le Nil Bleu. L'eau, chargée de limons arrachés aux terres volcaniques, arrive en Égypte, nourrissant les cultures et donnant toute sa fertilité à la terre. Elle part fin mai des Tropiques et n'arrive en Égypte que fin juin, voire début juillet ; d'où les trois saisons déterminées par les Égyptiens : **Akhet** (l'inondation, de juin à octobre), **Peret** (les semailles, de novembre à février) et **Chemou** (la récolte, de mars à juin), période pendant laquelle le pays manque d'eau.

Les textes pharaoniques expliquent la crue avec une logique implacable. Dans une grotte souterraine proche de la première cataracte, règnent trois divinités gardiennes des sources du Nil : *Khnoum, Satis* et *Anoukis*. Chaque année, ils puisent dans les réserves constituées par *Hâpy* et libèrent les quantités de limon nécessaires à la bonne irrigation des cultures. Ainsi, il semble parfaitement naturel de devoir réserver à *Hâpy*, personnification de la crue et symbole de la fécondité du fleuve, un culte particulier. En effet, sa popularité est immense et, du nord au sud, il reçoit offrandes et cadeaux incessants pour le prier de donner au pays une crue satisfaisante.

Tout le système politique égyptien repose sur cette nécessité physique et géographique : il faut un pouvoir politiquement fort pour assurer l'irrigation et une bonne répartition de la crue par la mise en place de barrages, de digues et de canaux d'irrigation. En somme, l'eau reste la principale préoccupation des Égyptiens et de nombreux exemples en témoignent : sur les listes royales, sont indiqués, dans l'ordre, l'année, le nom du roi et la hauteur de la crue du Nil. De même, l'eau est l'offrande type faite au défunt et des menaces sont proférées contre lui, visant à l'en priver, si ce dernier venait à ne plus répondre aux injonctions qui lui étaient faites.

La priorité est donc de ne pas empiéter sur les terres atteintes par la crue. Villes et villages sont construits sur des terres désertiques ou à l'abri de l'inondation. La crue est considérée comme un don divin, d'autant plus que le pays souffre d'un climat saharien avec peu de pluies, des vents desséchants et de très fortes amplitudes thermiques. Reste qu'elle demeure inconstante par sa date d'apparition, son volume et sa durée : près de la moitié des crues sont jugées insuffisantes, d'où la nécessité de gérer correctement cette crue pour profiter au maximum de ses bienfaits. Le rôle du pouvoir est donc d'entretenir tout le système contrôlant la crue et, en cas de surplus, d'effectuer des réserves pour pallier les disettes. Ceci explique pourquoi, en période d'anarchie, l'Égypte souffre de la famine lorsque le pays est politiquement divisé, que personne n'entretient plus digues, barrages ou canaux et que les terres sont laissées à l'abandon.

Barrages sur le Nil

Maîtriser la crue, régler le cours du fleuve, dominer la violence de la cataracte : ainsi explique-t-on les motivations qui, au départ, ont conduit à la construction du Barrage d'Assouan. Déjà, pour régulariser les eaux de la première cataracte, les Anglais avaient édifié, au début du XXe siècle, un premier barrage, le **"Old Dam"**. Mais, en 1955, le gouvernement égyptien lance l'idée du **"High Dam"**, barrage susceptible de retenir plusieurs crues et de contrôler le débit des eaux jusqu'au Delta. Les travaux débutent en 1960, à la suite d'un accord signé entre l'Égypte et l'Union soviétique, et s'achèvent onze ans plus tard, alors que **Sadate** a succédé à **Nasser**.

La retenue d'eau qui en résulte, le **Lac Nasser**, ne mesure pas moins de 500 kilomètres de long sur 10 à 30 de large et possède une profondeur de près de 90 mètres.

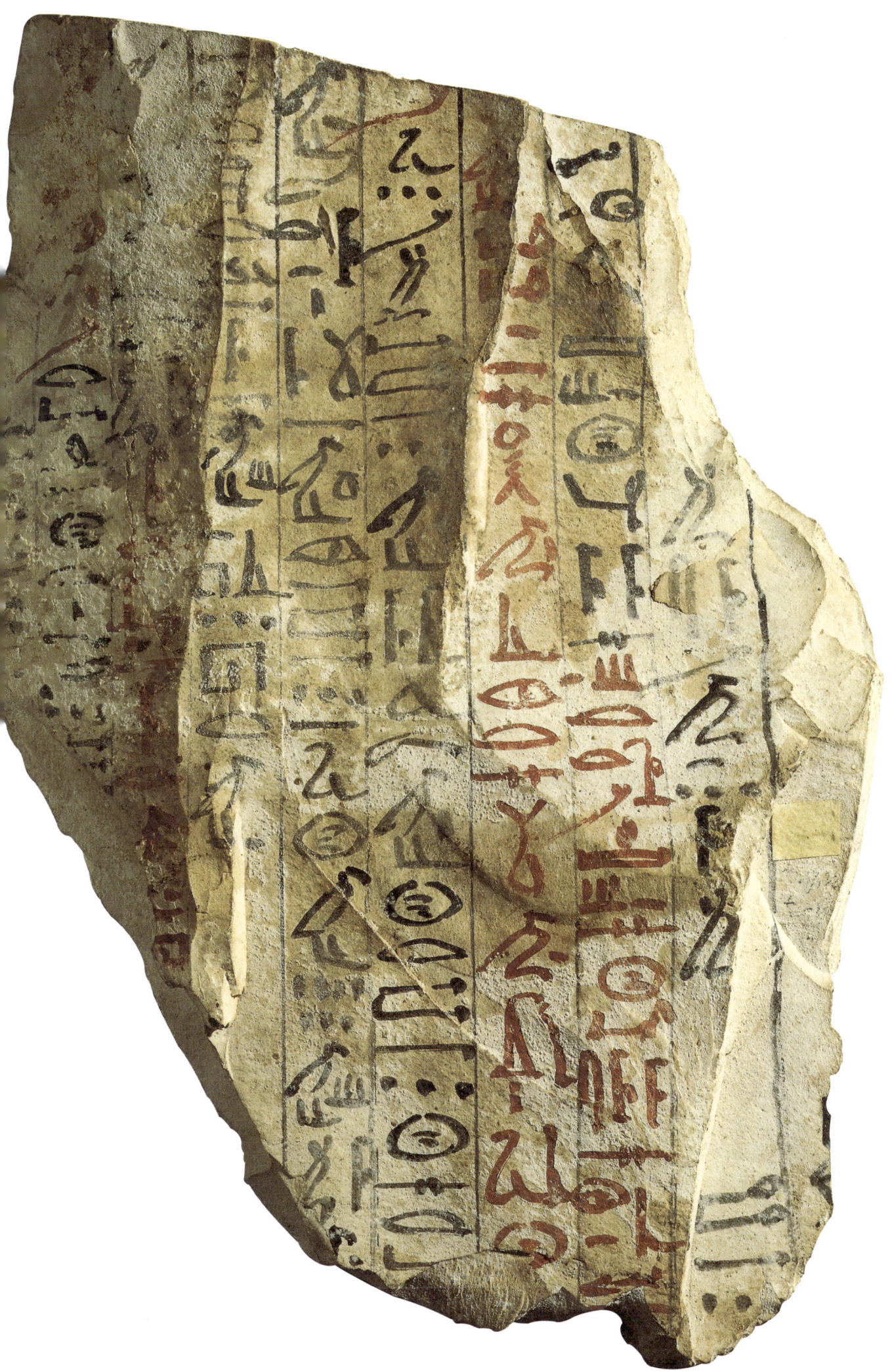

Le sarcophage de Nakhty

Dans l'enterrement égyptien, le sarcophage occupe une place de toute première importance. En effet, les textes expliquent comment le défunt y habite comme dans la maison qu'il occupait sur terre, comment il peut en sortir à sa guise par la porte ébauchée sur les côtés et comment, grâce aux deux yeux habilement dessinés, il peut profiter, sans se déplacer, du spectacle offert par le monde des vivants. L'œil oudjat, combinaison d'œil humain et d'œil de faucon, symbolise l'intégrité physique sans laquelle personne ne peut survivre. Au Moyen Empire, les civils se font enterrer dans des sarcophages en bois peint dont certains sont de très belle facture ; notamment celui du chancelier Nakhty qui a exercé sa fonction à la XIIe dynastie, dans la région d'Assiout.

Musée du Louvre.

Haut de 111 mètres, épais de 980 mètres à la base, long de 3 600 mètres, le barrage résiste, par son seul poids, à la poussée des 157 milliards de m³ d'eau du lac. Certes, les eaux du Nil ont été dominées puisque la dernière crue remonte à 1961. Mais, après plus de trente ans d'exercice, le premier bilan laisse dubitatives les autorités égyptiennes et étrangères. Aujourd'hui, force est de constater que le "monstre de béton", qui devait sauver le pays de tous ses tourments et l'introduire dans la voie de l'industrialisation, n'est autre qu'une terrible catastrophe économique, géologique et archéologique qui menace de plus en plus sérieusement le pays.

Au fil de l'histoire

Divers documents nous permettent d'éclairer notre connaissance sur les anciens Égyptiens : l'Ancien Testament, les Annales hittites, les archives babyloniennes et assyriennes, les textes grecs et, en Égypte même, les vestiges archéologiques et épigraphiques (inscriptions dans les temples, écrits biographiques funéraires, listes de rois… ainsi que les œuvres littéraires. Mais, malgré cette inestimable documentation, l'histoire même de l'Égypte nous est très mal connue. Nous ne possédons pas, ou peu, de textes historiques : ce sont des noms, des dates, des événements ponctuels, des récits isolés. D'après les estimations, onze dynasties sur les trente existantes paraissent suffisamment connues. À l'inverse, nous ne savons rien, ou si peu de chose, sur les périodes de transition ou de bouleversement. En quelque sorte, l'obscurité couvre près des deux tiers de l'histoire égyptienne.

L'établissement même de la chronologie pose un problème malgré l'existence de documents de toute première importance. La **"Pierre de Palerme"**, incomplète et de provenance inconnue, relate des événements s'étant déroulés entre le règne de *Narmer* (premier pharaon de la Iʳᵉ dynastie) et celui de *Néferirkarê* (troisième pharaon de la Vᵉ dynastie). La **"Chambre des Ancêtres"** présente *Thoutmosis III* faisant une offrande devant cinquante-sept rois considérés comme étant ses prédécesseurs directs. Quant aux nombreuses listes de l'époque ramesside, rédigées par *Séthi Iᵉʳ* ou *Ramsès II*, elles comportent tous les noms des souverains, dits légitimes, depuis les origines.

L'outil le plus fréquemment utilisé reste la liste royale de **Manéthon**. Il était prêtre de **Sébennytos** et vivait au IIIe siècle avant J.-C., sous le règne des *Ptolémées*. Il répartit les cent quatre-vingt-dix pharaons sur trente dynasties, depuis l'unification de l'Égypte par le roi *Narmer* jusqu'à la conquête d'*Alexandre*. Malheureusement, son œuvre, les *Aegyptiaca*, ne nous est connue que par des copies tardives, le texte original ayant brûlé lors de l'incendie de la Grande Bibliothèque d'**Alexandrie**. Malgré l'importance d'une telle source historique, le côté parfaitement aléatoire de cette division en dynasties reste énigmatique. Bien souvent, les rois d'une même dynastie n'ont pas de lien parental entre eux, à moins que ces liens ne demeurent encore ignorés, et, à l'inverse, on change de dynastie de père en fils. Par ailleurs, les dynasties sont d'inégale importance : certaines sont fictives (la VIIe dynastie compte soixante-dix rois en soixante-dix jours), certaines sont parallèles (les XXIIe et XXIIIe dynasties, par exemple), certaines comptent peu de rois (*Amyrtée* est le seul représentant de la XXVIIIe dynastie), d'autres beaucoup (la XVIIIe dynastie atteste l'existence de quatorze rois et la dynastie ramesside recense au moins onze pharaons du nom de *Ramsès*).

Sur ces bases fournies par **Manéthon**, les égyptologues ont divisé ces trente dynasties en **Empires**, fastes et bénéfiques, entrecoupés par des **Périodes Intermédiaires**, sur lesquelles on ignore presque tout, correspondant à des phases obscures de malaises économiques, politiques ou sociaux.

Des problèmes de datation

La datation absolue des événements reste, encore aujourd'hui, un des problèmes majeurs des archéologues. Au départ, il est assez fréquent de prendre comme repère le recensement bisannuel du bétail *"L'année qui suivit le Xe recensement de tous les bœufs"*. À partir du Moyen Empire, la plupart des événements font référence à la première année de règne du roi : *"L'An 4 du règne de Ramsès II"* par exemple. À chaque nouveau règne, on revient à l'An 1. Mais, comme en périodes de troubles aucune règle ne semble respectée, il devient assez difficile de se fier à ce seul critère pour définir une datation précise. Par ailleurs, même en périodes de paix, on ne connaît pas toujours la durée réelle et effective des règnes. Dans un tel contexte, le critère de datation ne peut aboutir qu'à des conclusions imprécises.

Les égyptologues ont donc établi une chronologie égyptienne en choisissant, comme points fixes, des données déterminées d'après des relevés astronomiques.

En fait, les anciens Égyptiens utilisent deux calendriers : le calendrier lunaire, réservé aux fêtes religieuses, et le calendrier solaire, civil. Ce dernier comprend douze mois de trente jours auxquels s'ajoutent cinq jours, les jours épagomènes, dédiés à *Osiris*, *Isis*, *Horus*, *Seth* et *Nephtys*, soit trois cent soixante-cinq jours. Chaque mois de trente jours est divisé en trois décades de dix jours, chacun de vingt-quatre heures. Les Égyptiens font débuter l'année avec le premier jour de l'inondation. Rapidement, ils ont constaté que le jour où commençait l'inondation était marqué par un phénomène astronomique : ce jour-là, l'étoile **Sothis**, appelée également **Sirius**, apparaissait en même temps que le soleil. On appelle ce phénomène le lever héliaque de **Sirius** et il a été pris comme point de départ de l'année égyptienne, année désormais commencée par un phénomène naturel et un phénomène astronomique : le 19 juillet.

Cependant, l'année solaire compte en fait trois cent soixante-cinq jours et quart. Dans cette optique, tous les quatre ans, l'année égyptienne prenait un retard de vingt-quatre heures et ce n'est qu'au bout de mille quatre cent soixante ans, ladite période sothiaque, que les trois phénomènes, le lever du soleil, le lever de **Sirius** et le début de l'inondation, se reproduisaient de nouveau en même temps, le premier jour de l'année égyptienne. On sait que ce phénomène s'est manifesté en 139 après J.-C., donc, par déduction, en 1 321, 2 781 et 4 241 avant J.-C. Ainsi, au fur et à mesure, un décalage de plus en plus grand se créait, jusqu'à ce que les fêtes d'été soient célébrées en hiver, et vice versa. Des scribes ont pris soin de noter, à plusieurs reprises, le décalage entre le lever de **Sirius** et le début de l'année officielle. Grâce à ces constatations, on a pu établir des dates fixes permettant de resituer plus justement les faits mentionnés sur les documents.

Empires et dynasties

L'**Ancien Empire** (2 780 à 2 260 avant J.-C.) succède à une période assez mal cernée, l'**Époque thinite**, au cours de laquelle l'Égypte, qui s'unifie sous l'autorité d'un seul chef, fixe, de manière presque définitive, les règles religieuses, politiques et administratives, ainsi que les formes d'écriture et les canons artistiques.

Le sanctuaire d'Abou Simbel

Roberts s'est rendu en Égypte et en Nubie au cours des années 1838/1839. De son voyage, nous sont parvenus de nombreux dessins qui nous permettent d'apprécier comment se présentaient les monuments pharaoniques avant que les pilleurs modernes, responsables du dépouillement actuel de bien des sites, ne déferlent le long de la Vallée du Nil. De même, la comparaison entre ces documents et les édifices met en évidence l'inévitable dégradation des reliefs et des peintures qui ornaient alors les parois des tombes ou les murs des sanctuaires. Ici, Roberts a immortalisé le "saint des saints" du temple de Ramsès II à Abou Simbel où, assis de droite à gauche, figurent Rê-Horakhty, Ramsès II divinisé, Amon-Rê et Ptah. L'axe du temple a été calculé pour que deux fois par an soit illuminé le sanctuaire : le 20 février, le premier rayon du soleil se pose d'abord sur la statue d'Amon-Rê puis sur celle de Ramsès, alors que, le 20 octobre, le soleil éclaire d'abord l'effigie du dieu Rê-Horakhty puis celle de Ramsès. Quant au dieu Ptah, le gardien des ténèbres, il reste toujours dans l'ombre.

David Roberts (1796/1864).

Cet empire glorieux correspond à la grande époque de l'Égypte classique. Les rois installent leur capitale à **Memphis**, d'où le nom d'Empire memphite utilisé pour le qualifier, et le pays atteint un degré de raffinement tout à fait exceptionnel. L'architecture en pierre apparaît timidement. Les rois choisissent la pyramide comme type de sépulture, tandis que les particuliers se font enterrer dans des **mastabas** où reliefs et peintures relatent, dans les moindres détails, des scènes de la vie quotidienne. La VIe dynastie accuse un déclin très marqué de l'autorité royale, accentué par une puissance accrue des gouverneurs provinciaux, dont la charge, devenue héréditaire, permet la création de véritables dynasties, parfois plus puissantes que Pharaon lui-même. Les fonctionnaires locaux prennent leur indépendance et l'Égypte semble menacée par des envahisseurs étrangers. La royauté, affaiblie par le long règne de *Pépi II*, ne réussit pas à redresser la situation et l'Égypte plonge dans une période de vive confusion : la **Première Période Intermédiaire**. L'anarchie la plus complète s'installe : des roitelets s'emparent du pouvoir, les nobles sont totalement dépossédés, les terres sont abandonnées et la famine hante le pays.

La réunification du pays sous une seule et unique tutelle annonce l'avènement du **Moyen Empire** (2 040 à 1 785 avant J.-C.) : en l'An 15 de son règne, *Montouhotep Ier*, prince de **Thèbes**, devient pharaon de Haute et de Basse-Égypte. Cette nouvelle ère de prospérité se caractérise par de nombreuses réformes politiques, administratives et religieuses. Le progrès économique passe par l'exploitation de nouvelles terres : **Sinaï**, désert de Libye, désert arabique, **Nubie** et **Fayoum**. Cependant, pour des raisons qui restent encore très obscures, la XIIe dynastie s'achève dans la famine, les querelles internes et les invasions étrangères. Il semble évident, pourtant, que l'arrivée en Égypte des **Hyksôs**, certainement venus d'Asie, est à l'origine de la déstabilisation du pays qui connaît, alors, une nouvelle période assez néfaste : la **Deuxième Période Intermédiaire**. Régnant tantôt sur le nord, tantôt sur le pays entier, les **Hyksôs** installent leur capitale dans le Delta, à **Avaris**, mais, dès le début de la XVIIe dynastie, des princes de **Thèbes** partent en guerre pour chasser l'envahisseur.

Avec le **Nouvel Empire** (1 570 à 1 085 avant J.-C.) s'ouvre une ère de splendeur et de raffinement : renouveau de la puissance royale, large expansion territoriale, affluence de richesses vers l'Égypte. Les pharaons installent leur capitale à **Thèbes**, "la Ville aux Cent Portes", qui devient très rapidement un symbole de prospérité, de richesse et de luxe. Cependant, l'intensification du rôle de la religion et des différents clergés dans les affaires de l'État conduit inévitablement à une dégradation du pouvoir monarchique. L'Empire, ruiné par les usurpations de pouvoir ou les conflits internes, corrompu et fragilisé, ne parvient plus à repousser les étrangers devenus de plus en plus pressants aux frontières de l'Égypte.

Les désordres de la **Troisième Période Intermédiaire** accentuent cette décadence, lente mais irrévocable. Les menaces extérieures se conjuguent aux difficultés internes. Trop affaibli, le gouvernement central ne réussit plus à contenir l'influence grandissante du clergé d'*Amon* qui s'empare du pouvoir dans le sud : pendant les XXIe et XXIIe dynasties, le clergé thébain règne sur la Haute-Égypte, tandis que Pharaon s'installe à **Tanis** et règne sur le nord. Se succèdent alors deux dynasties dont l'activité essentielle consiste à repousser les assauts du conquérant nubien. Mais sans succès aucun, car la XXVe dynastie est éthiopienne : *Pianki*, roi de **Napata**, prend le pouvoir. Après avoir vaincu *Tefnakht*, il soumet peu à peu le sud du pays et son successeur, *Chabaka*, installe sa capitale à **Thèbes**, d'où il conquiert le Delta.

C'est une incursion étrangère qui inaugure la **Basse Époque** (656 à 332 avant J.-C.) : *Assourbanipal*, roi d'Assyrie, s'introduit en Égypte, obligeant *Tanoutamon*, alors au pouvoir, à se réfugier au Soudan. *Psammétique*, un prince de **Saïs**, aidé par les Assyriens, en profite pour conquérir le pays, créant la XXVIe dynastie. Cette dynastie est chassée par *Cambyse* qui impose à l'Égypte une première domination perse : la XXVIIe dynastie. Las de l'occupant perse, les Égyptiens organisent des révolutions à travers le pays. Seule celle d'*Amyrtée* finit par aboutir en 405 avant J.-C. Il fonde la XXVIIIe dynastie, dont il est le seul représentant, car, rapidement, il est chassé du trône par un prince de **Mendès**, *Néphéritès Ier*, premier pharaon de la XXIXe dynastie. C'est alors que de nombreux troubles internes conduisent *Nectanébo Ier*, fondateur de la XXXe dynastie, à prendre le pouvoir. Il renoue pour un temps avec le remarquable passé de l'Égypte des Pharaons mais le Perse *Artaxerxès III* vient mettre fin à cette belle renaissance, battant *Nectanébo II* et créant la XXXIe dynastie.

**Peinture
d'une stèle thébaine**

Prisse d'Avennes, personnage clef de l'égyptologie naissante, arrive au Caire en 1829 comme hydrographe mais, rapidement, il abandonne son métier d'origine pour se consacrer entièrement à l'archéologie. Pendant plus de vingt ans, il sillonne la Vallée du Nil et amasse quantité de notes, plans, croquis, dessins et relevés, qu'il présente, dès son retour en France, dans son Histoire de l'Art d'après les monuments égyptiens, depuis les temps les plus reculés jusqu'à la domination romaine. *Cette stèle de la XXe dynastie provient de Thèbes et montre le défunt, un prêtre sans aucun doute puisqu'il porte la peau de panthère réservée aux officiants, faisant une offrande d'eau à deux divinités : Osiris, assis, enserré dans une gaine momiforme et muni des attributs divins ou royaux, la crosse et le fouet ; Isis, debout, vêtue de la robe traditionnelle à bretelles des divinités féminines et coiffée d'un haut siège à dossier qui est le hiéroglyphe utilisé pour transcrire son nom.*

Prisse d'Avennes (1807/1879).

Alexandre le Grand part à l'assaut de l'Empire perse et conquiert rapidement l'Anatolie, la Syrie, la Phénicie. En 333 avant J.-C., il pénètre en Égypte qui semble mal supporter cette dernière reconquête par les Perses. Il est accueilli en libérateur, d'autant plus que son voyage à **Siwa** apparaît, aux yeux de tous, comme un gage de respect qu'il manifeste pour les dieux nationaux. Il y consulte l'oracle du dieu *Amon* : celui-ci le reconnaît comme Maître de l'Univers et Fils du dieu. Rapidement, il fonde **Alexandrie** et confie l'administration du pays à un gouverneur. À sa mort, en 323 avant J.-C., son fils *Philippe Arrhidée* est intronisé pharaon. Quatorze rois lui succèdent : tous portent le nom de *Ptolémée*.

Totalement égyptienne, cette dynastie se dévoue corps et âme aux cultes locaux et aux traditions pharaoniques : la plupart des temples encore présents le long de la Vallée du Nil remontent à cette époque faste et grandiose, celle de l'Égypte grecque. C'est alors que Rome entre en scène. Cependant, ni César, ni *Marc Antoine*, qui prend le pouvoir à la suite de l'assassinat de *César* en 44 avant J.-C., ne se décident à annexer purement et simplement le pays. La Grande *Cléopâtre*, alors reine d'Égypte, les séduit tous deux, tour à tour, pour maintenir et surtout conserver un royaume terriblement menacé par la présence romaine.

L'issue est fatale : en l'an 31 avant J.-C., la bataille d'**Actium**, perdue par *Marc Antoine*, est suivie de l'invasion de l'Égypte par *Octave*, fils adoptif et héritier légitime de *César*. Après le suicide d'*Antoine*, *Cléopâtre* livre **Alexandrie** au nouveau vainqueur et, après avoir vainement tenté de le séduire, se donne la mort à son tour. L'Égypte devient certes une province romaine, mais différente de toutes les autres : d'une part, elle est le plus important grenier de Rome, d'autre part, sa position à la charnière de trois continents lui confère une attention toute particulière. Contrairement aux autres provinces, elle relève directement de l'Empereur représenté par un préfet. Les empereurs romains, par opportunisme politique, n'hésitent pas à adopter la titulature royale complète et, même si le changement est brutal et soudain, culturellement et administrativement, l'Égypte conserve ses particularismes propres. Les cultes divins d'*Isis* et d'*Horus* connaissent un véritable succès : on leur édifie des sanctuaires à travers tout le pays et leur renommée, bien que transformée, atteint la ville de Rome et s'étend très rapidement au sein de l'Empire.

Après avoir été longtemps refusé, le christianisme triomphe, créant une rupture, totale et définitive, avec le monde antique. Dès 313 après J.-C., *Constantin*, premier empereur romain favorable au christianisme, inaugure certaines réformes religieuses. Cependant, il faut attendre le règne de *Théodose*, et son édit de 391, pour que, de manière définitive, le paganisme soit interdit dans l'Empire ; mesure qui entraîne la fermeture des temples et des édifices sacrés ou leur transformation en églises.

En 395, le pays passe sous la tutelle de l'Empire romain d'Orient mais, après maintes querelles, les chrétiens d'Égypte se regroupent en une église indigène et nationale : l'Église copte. Le terme de **"copte"** désigne également l'état dernier de la vieille langue égyptienne et l'écriture qui sert à la transcrire. Le temple d'*Isis* à **Philae**, qui avait échappé au contrôle romain par sa situation à l'extrême sud du pays, finit par être condamné par *Justinien* en 551 après J.-C. Et c'est ainsi que disparaissent définitivement les derniers tenants du paganisme égyptien et, avec eux, les dernières personnes encore capables d'utiliser l'écriture hiéroglyphique.

L'Égypte : un succès

Juillet 1798 : la flotte de **Bonaparte** débarque à **Alexandrie**. La surprise est totale car l'équipe qui l'accompagne est assez particulière : ce sont près de trente-huit mille hommes, dont quelques corps de soldats, mais, surtout, quantité de savants, ingénieurs, artistes, économistes, botanistes et écrivains. En fait, **Bonaparte**, outre ses intentions colonialistes que nul ne saurait taire, espère transformer cette province turque et indisciplinée en un État moderne, tourné vers l'Occident, et livrer au monde les splendeurs de son passé prestigieux. Malheureusement, les circonstances l'obligent à donner à cette campagne un caractère plus militaire que prévu, et après trois ans de lutte contre l'autorité turque, appuyée par le gouvernement anglais, l'armée française se voit contrainte de quitter le territoire égyptien en 1801, après avoir signé la capitulation. Qu'importe, le travail accompli est énorme : dessins, croquis, minutes, relevés, récits se comptent par centaines. De tous les participants, il en est un qui attire particulièrement l'attention : il s'agit de **Vivant Denon.** À la fois savant et homme de lettres, il est le fondateur de l'égyptologie en France. Né en 1747, il doit son intégration à la Campagne d'Égypte aux recommandations de **Joséphine de Beauharnais**.

OFFRANDE À OSIRIS

STÈLE PEINTE SUR UN CERCUEIL DE MOMIE

La bataille des Pyramides

Le 1ᵉʳ juillet 1798, Bonaparte débarque dans la rade d'Aboukir, près du port d'Alexandrie, pour mener à bien une opération, tant militaire que culturelle, appelée la "Campagne d'Égypte". Le pays était alors aux mains des sultans mamelouks et, en montant cette expédition, l'idée de Bonaparte était double. Certes, il voulait libérer le pays du joug turc mais, également, il entendait bien révéler au monde entier les merveilles de l'histoire pharaonique. C'est pourquoi, tant de dessinateurs, de savants, d'artistes, d'historiens ou d'ingénieurs l'accompagnaient dans ce voyage : en tout, on parle d'environ trente-huit mille hommes. Cette peinture à l'huile immortalise la célèbre bataille des Pyramides qui, le 21 juillet 1798, s'est soldée par la victoire de Bonaparte sur les Mamelouks. Cependant, malgré ce haut fait militaire à l'avantage de la France, l'hostilité anglo-turque a contraint les troupes françaises à quitter le territoire égyptien en 1801, après avoir capitulé.

F.L.J. Watteau (1758/1823), Musée de Valenciennes.

Napoléon, pour sa part, le trouve trop âgé : il n'a pourtant que cinquante ans. Sur place, il travaille sans relâche. Attaché au corps militaire de **Desaix**, il n'a de cesse, tout en poursuivant les Mamelouks, de courir à l'assaut des monuments de l'Égypte pharaonique. Il fait preuve d'un acharnement tel que, dès son retour, il est nommé Directeur Général des Musées et fonde le **Musée Napoléon**, notre **Louvre** actuel. Il publie un ouvrage, *Le Voyage dans la Basse et la Haute-Égypte pendant les campagnes du Général Bonaparte*, dont l'étonnant succès marque le début de la renaissance de l'Égypte. Plus tard, entre 1809 et 1822, paraissent les vingt volumes de *La Description de l'Égypte*, œuvre collectant la totalité des données relevées pendant la Campagne d'Égypte, qui vient compléter, développer mais, aussi, préciser le travail de **Denon**. L'effet conjugué de ces publications dépasse la fiction : en quelques jours à peine, l'Égypte devient à la mode : on accourt de l'Europe entière pour admirer ces merveilles qui, bientôt, attirent les convoitises des voyageurs. Une ère de pillage organisé s'ouvre, où l'Égypte se voit dépouillée de bon nombre de ses monuments. La tâche est confiée aux consuls étrangers installés au Caire. Sillonnant le pays de long en large, ils constituent des collections grandioses, achetées à bas prix ou tout simplement volées, qu'ils proposent ensuite aux différents musées occidentaux. Les deux collections vendues par les trop tristement célèbres **Salt**, agissant pour l'Angleterre, et **Drovetti**, œuvrant pour la France, constituent la majorité du fonds d'Antiquités égyptiennes du **Musée du Louvre**.

Champollion et la "Pierre de Rosette"

Tandis que certains pillent sans vergogne, approvisionnant musées et collections privées, d'autres, plus respectables, entendent bien profiter de cette opportunité pour essayer de faire parler ces œuvres jusqu'ici totalement muettes, puisque le décryptage des hiéroglyphes reste encore une véritable énigme. C'est notamment le cas de **Jean-François Champollion**. Ce jeune prodige n'a que seize ans lorsqu'il décide de se pencher sur cet étonnant mystère. Très vite, il oriente ses recherches vers une étude approfondie de la langue copte : à son sens, il ne peut s'agir que d'une forme tardive de l'égyptien hiéroglyphique. Pendant plus de quinze ans, il n'a de cesse de lire, comparer, consulter, compulser toutes sortes de documents, qu'ils soient égyptiens, coptes ou grecs.

Jean-François Champollion

Personnage hors du commun, linguiste éminent, Champollion, surnommé "L'Égyptien", est encore tout jeune lorsqu'il scelle son destin : à onze ans, il décide de se pencher sur le mystère des hiéroglyphes et, surtout, de le percer. Né à Figeac, dans le Lot, en 1790, il se distingue très rapidement par une frénésie de travail et une soif de connaissances. Tout l'intéresse : grec, latin, hébreu... Ce n'est pourtant qu'un enfant.

Sur les insistances d'un précepteur conscient des qualités exceptionnelles de son élève, la famille Champollion place le petit Jean-François au Lycée de Grenoble. C'est alors qu'il rencontre Fourier, Préfet de l'Isère et, surtout, ancien membre de la Campagne d'Égypte, qui se passionne pour ce jeune prodige, auquel il alloue une bourse d'études. Devenu pensionnaire, Champollion profite de toutes les opportunités pour perfectionner ses connaissances linguistiques. Il intègre à son programme l'étude de l'arabe, du syriaque, de l'araméen, dans un but bien précis : se rapprocher de l'Égypte... et des hiéroglyphes.

À dix-sept ans, sa scolarité achevée, il part pour Paris, dans l'esprit d'y apprendre le persan et le copte ; surtout le copte. Car Champollion sait que, seul, le copte le conduira à élucider le secret de l'écriture égyptienne. De retour à Grenoble, il passe son doctorat ès lettres et obtient un poste de professeur d'histoire. À ses heures perdues, il étudie encore, feuillette, consulte, compare tous ces documents issus de la Campagne d'Égypte, toutes ces copies de textes hiéroglyphiques, totalement incompréhensibles.

Idéogrammes ? Phonogrammes ? Idéogrammes et phonogrammes ? Champollion ne sait encore comment interpréter tous ces signes. Quelques démêlés politiques l'incitent à se réfugier à Paris où il accède à la copie d'un document de toute première importance : la "Pierre de Rosette". Écrite en trois langues différentes, grec, démotique et hiéroglyphique, elle finit par donner à Champollion la clef du mystère.

"Je tiens l'affaire". Nous sommes le 14 septembre 1822 : après plus de vingt ans de travail, Champollion vient enfin de percer le mystère des hiéroglyphes. Il s'agit d'une écriture à la fois idéographique et phonétique. Par la suite, même après la déclaration officielle de sa découverte faite dans la "Lettre à Monsieur Dacier", il ne cesse d'approfondir ses recherches et finit par se rendre à Turin pour y consulter les objets de la collection Drovetti. Il en revient tout enthousiasmé mais une idée le tracasse : il voudrait se rendre en Égypte pour tester sa toute récente découverte, voir si son système de lecture est applicable à tous les textes égyptiens, quelle que soit leur époque.

Et, en 1828, Champollion réalise enfin son rêve : il s'embarque pour le pays d'Égypte à la tête d'une expédition franco-toscane constituée notamment de dessinateurs expérimentés. Le voyage dure quinze mois, où, d'Alexandrie à Assouan, il visite temples et tombes, copie inscriptions et gravures, décrypte tout ce qui lui tombe sous les yeux et constate que son alphabet "s'applique avec un égal succès d'abord aux monuments égyptiens du temps des Romains et des Lagides, et ensuite, ce qui devient d'un bien plus grand intérêt, aux inscriptions de tous les temples, palais et tombeaux des époques pharaoniques". Épuisé, il s'éteint à l'âge de quarante-deux ans, laissant derrière lui un travail considérable.

Il travaille sans relâche, s'enferme des journées entières dans les bibliothèques, traquant tout indice susceptible de l'aider dans ses recherches. Et en 1822, le 14 septembre très exactement, son rêve se réalise enfin : il vient de comprendre comment fonctionnait l'écriture hiéroglyphique. Pour apprécier cette découverte, il faut remonter à l'année 1799. **François-Xavier Bouchard**, officier français de l'armée d'Égypte, trouve à **Rachid**, ville située dans le Delta à 70 kilomètres d'**Alexandrie**, une grande stèle en basalte noir, la **"Pierre de Rosette"**, qu'il s'empresse de rapporter au Caire.

Saisie par les Anglais deux ans plus tard, lors de la capitulation française, elle finit par atterrir dans les collections égyptiennes du **British Museum**. Ce sont donc des copies qui permettent à **Champollion** de travailler sur ce document. La **"Pierre de Rosette"** porte une inscription en trois caractères différents, semblant correspondre à trois versions d'un même texte : ainsi, la partie supérieure est rédigée en hiéroglyphes, la partie médiane en démotique, forme tardive de l'égyptien, et la partie inférieure en grec. Il s'agit d'un décret de *Ptolémée V Épiphane* promulgué à **Memphis** en 196 avant J.-C. Déjà, plusieurs scientifiques s'étaient penchés sur ce document tout à fait exceptionnel. Pour éviter toute influence, bonne ou mauvaise, **Champollion** décide de reprendre l'étude à son point de départ. Il remarque que, premièrement, les noms royaux sont entourés par des cartouches et que, deuxièmement, il faut quatre cent quatre-vingt-six mots grecs pour transcrire mille quatre cent dix-neuf signes hiéroglyphiques. C'est donc que, pour exprimer une idée, un mot ou un concept, l'égyptien dispose, non seulement d'idéogrammes mais, également, de signes phonétiques.

Il s'attaque donc au déchiffrage des noms et finit, par déductions et comparaisons avec l'alphabet copte, par détecter la véritable valeur des signes. L'année suivante, **Champollion**, âgé de trente-trois ans, est prêt à révéler sa découverte : la *"Lettre à Monsieur Dacier"* énonce, dans les grandes lignes, le fonctionnement pur de l'écriture égyptienne. En 1824, la publication de son *"Précis du système hiéroglyphique"* explique, de manière plus claire et plus complète, le résultat de ses travaux et finit de convaincre les derniers sceptiques.

Jean-François Champollion

Ce portrait, peint par Madame de Rumilly, présente Champollion transcrivant sur un feuillet un alphabet où figurent, côte à côte, les signes démotiques et les signes hiéroglyphiques. Perdue depuis le VIe siècle de notre ère, depuis la condamnation définitive par Justinien du temple de Philae, l'écriture pharaonique ne va renaître que grâce aux travaux de Jean-François Champollion qui, en 1822, après de nombreuses années de labeur acharné, parvient à résoudre le mystère des hiéroglyphes.

Madame de Rumilly,
Collection privée.

Les hiéroglyphes

En théorie, chaque signe peut :
- écrire la chose représentée (idéogramme) : un bateau pour "bateau" ou "navire", un bovin pour "bœuf" ou "vache" ;
- écrire, en rébus, les consonnes correspondantes (phonogramme), les voyelles n'étant pas normalement notées ;
- à la fin du mot et non prononcé, classer ce mot dans une catégorie de sens (déterminatif).

Par exemple, le signe ⬜ (pr), un plan de maison, peut signifier : le mot "maison", les consonnes p + r dans un autre mot (hpr, ⬭ ⬜ naître) ou, placé à la fin du mot, il indique qu'il s'agit d'un bâtiment ou d'une partie de bâtiment.

Peu à peu, les signes tendent à se spécialiser.
- Les signes unilitères sont des signes alphabétiques (vingt-quatre consonnes ou semi-consonnes) correspondant, à l'origine, à des signes-mots d'une seule consonne, mais utilisés comme nos lettres de l'alphabet pour noter les diverses consonnes :
d ⬭ , n 〰️ , r ⬭ .
On ignore la vocalisation réelle de l'ancien égyptien et même les consonnes ne sont connues que de façon très approximative. Notre transcription (sorte de décodage des hiéroglyphes pour mieux mémoriser leur lecture) est donc en partie conventionnelle et il est hors de question de parler cet égyptien.
- Les signes bilitères sont des signes qui valent pour deux consonnes : dd , ms , mr .
- Les signes trilitères sont des signes qui valent pour trois consonnes : nfr , htp , ˁnh .
- Les déterminatifs d'espèce sont des signes qui ne se prononcent pas et qui, accolés à la fin du mot, déterminent la catégorie auquel il appartient :
pour tout ce qui touche aux peuples ennemis ,
pour désigner les choses abstraites ,
pour ce qui concerne les scribes et l'écriture ,
pour ce qui touche à la navigation ,
pour déterminer la mort .

Parallèlement, apparaît la notion de compléments phonétiques qui viennent confirmer une des consonnes, ou parfois plusieurs, d'un signe bilitère ou trilitère. On écrit alors : hpr, , "devenir, naître", hpr + p + r, ,
ou, en utilisant les consonnes, h + p + r ,
ou encore, h + pr ,
voire hpr + r , le dernier signe représenté étant le déterminatif des choses abstraites.

Le nombre de solutions possibles pour écrire un mot est donc, théoriquement, considérable. La pratique limite cependant fortement ces possibilités et seules deux ou trois solutions restent courantes, même si les autres ne sont pas fausses :
hpr ou .

L'Égyptien peut s'écrire de haut en bas, de droite à gauche (c'est le plus courant dans les textes égyptiens) ou de gauche à droite (c'est ce que nous utilisons par commodité, puisque nous y sommes habitués). On ne lit jamais de bas en haut.
Lorsque le signe regarde vers la gauche, on lit de gauche à droite : , dd, dire. Par contre, s'il regarde vers la droite, on lit de droite à gauche.

La construction de la phrase s'analyse comme la nôtre, hormis que le sujet est placé après le verbe : *"Donne Pierre le livre à l'enfant"* pour *"Pierre donne le livre à l'enfant"*. Dans certaines conditions, le verbe peut être omis : *"Pierre dans la maison"* pour *"Pierre est dans la maison"*. Par ailleurs, bien souvent, l'article n'est pas exprimé : *"Le livre"* devient *"Livre"*.

25

La passion "égyptomaniaque"

Aujourd'hui, personne ne sait plus exactement à qui, de **Bonaparte** ou de **Champollion**, revient le mérite, ou la responsabilité, de cet engouement pour la Vallée du Nil. Disons plutôt que tous deux y ont largement participé, de façon différente peut-être : au **Bonaparte**, Père des "égyptomaniaques", s'oppose **Champollion**, Père des égyptologues. Les uns comme les autres partagent cette même passion : celle de l'Égypte, quelle qu'elle soit.

Voila près de deux siècles que, sans cesse, l'Égypte des Pharaons hante notre quotidien : éléments architecturaux, objets d'art, mobilier, parures, bijoux, haute couture, mode, théâtre, opéra, cinéma, littérature, bande dessinée, publicité : décidément, aucun domaine n'y échappe. Au XIXe siècle, seule l'élite adopte ces thèmes décoratifs venus d'Orient. L'armée, la première, grave sur ses armes ou décore ses étendards de têtes de sphinx ou de lion et de signes hiéroglyphiques des plus fantaisistes. Le style "Retour d'Égypte", directement issu de la Campagne de **Bonaparte**, vient enrichir le mobilier des hôtels particuliers. Les élégantes d'alors sortent parées d'étoffes imprimées de décors hiéroglyphiques et de bijoux à l'égyptienne. En 1922, la découverte par **Howard Carter** de la tombe de *Toutankhamon* donne un large essor à ce mouvement : l'Occident, avide d'orientalisme, déferle dans la **Vallée des Rois** et rapporte toutes sortes d'images inspirées des traditions pharaoniques, qui viennent embellir et orner parures ou accessoires de toilette.

Plus déterminant encore reste l'impact porté par l'exposition itinérante **"Toutankhamon"** présentée dans les grandes capitales européennes. Nous sommes alors en 1970 : l'égyptomanie gagne toutes les couches sociales. Riches ou pauvres, adultes ou enfants, passionnés d'art ou simples amateurs, tout le monde participe, d'une seule âme et d'un même esprit, à cet engouement pour l'Égypte ancienne. Et, au fil des décennies, les expositions se succèdent, drainant des milliers de visiteurs : 1976, **"Ramsès le Grand"** ; 1987, **"Tanis. L'Or des Pharaons"** ; 1993, **"Amenophis III. Le Pharaon Soleil"** ; 1998, **"Alexandrie"**. Mais, en fait, qui n'a vu *Les Dix Commandements* de Cecil B. De Mille ? Qui n'a lu *Mort sur le Nil* d'Agatha Christie ou *Les Mystères de la Grande Pyramide* de Jacobs ? Qui ne s'est lavé avec le savon Cléopâtra ? Qui ne rêve, un jour, de marcher sur les pas de ces pharaons glorieux et d'effectuer le Voyage en Égypte ?

Ramsès II vainqueur des Libyens

Ippolito Rossellini est le chef de l'expédition toscane qui accompagne Champollion lors de son voyage en Égypte en 1828/1829. Tous deux parcourent le pays de la ville d'Alexandrie au temple d'Abou Simbel, effectuant un travail fabuleux de documentation : ils reproduisent les reliefs et les peintures, copient les inscriptions, relèvent les temples... Dans Les monuments de l'Égypte et de la Nubie, *Rossellini nous présente la synthèse de ces quinze mois d'étude. Cette scène provient de la salle hypostyle du temple d'Abou Simbel. Le héros victorieux, Ramsès II, se rue sur un Libyen qu'il s'apprête à percer de sa lance tandis que, sous ses pieds, gît un ennemi vaincu.*
Ippolito Rossellini (1800/1843).

PHARAON, DIEU INCARNÉ

Le roi : attributs et fonctions

"C'est celui qui multiplie les biens, qui sait donner. Il est le dieu, roi des dieux. Il connaît qui le connaît. Il récompense qui le sert. Il protège ses partisans. C'est Rê dont le corps visible est le disque et qui vit pour l'éternité."

Sans aucun doute, Pharaon est un être exceptionnel : fils des dieux et interlocuteur privilégié entre les dieux et les hommes, il est placé sur le trône d'Égypte pour faire respecter la *Maât*, c'est-à-dire la justice, la vérité, l'ordre, la confiance, et tous les facteurs d'équilibre qui rendent le monde habitable. Il n'est de temple, de sanctuaire, de chapelle où Pharaon n'apparaisse dans toute sa gloire : qu'il officie devant les dieux ou dirige ses armées, Pharaon règne en maître sur tout ce qui l'entoure. Il domine grandes et petites gens, est doté d'une force invincible que nul ne saurait vaincre et agit toujours selon son gré puisque, disent les textes, *"tout ce qu'il ordonne se réalise"*. Ses sujets l'aiment, l'adorent et le vénèrent car Pharaon sait leur assurer bonheur, richesse et protection. **Sinouhé** l'Égyptien, courtisan d'*Amenemhat Ier*, raconte : *"Tandis que j'étais étendu sur mon ventre, je perdis connaissance devant Lui"*. Son aura et sa puissance sont telles que sa mort fait courir au pays un risque terrible : celui du retour au chaos. Il faut alors attendre l'avènement de son successeur pour que se rétablisse l'ordre voulu par les dieux, dicté par les lois et souhaité par les hommes.

Ses attributs rappellent à chacun qu'il est un dieu parmi les humains. Comme les dieux, il porte la barbe postiche au menton et, comme *Osiris*, il tient à la main les insignes du prestige : le sceptre **heqa** et le fouet, également appelé le **flagellum**. Son front est orné de l'œil de *Rê*, l'**uraeus**, cobra dressé sur sa coiffe, destiné à protéger le roi à tout moment et à repousser ses ennemis éventuels. Pharaon ne va jamais tête nue : chaque couronne possède une fonction précise. Cependant, les plus fréquentes restent le **némès**, linge enveloppant la chevelure et retombant de part et d'autre du visage, la double couronne, appelée le **pschent**, mélange de la couronne blanche de Haute-Égypte et de la couronne rouge de Basse-Égypte, et le **khépresh**, la couronne de guerre bleue à pois circulaires. En guise de vêtement, il porte un simple pagne plissé retenu par une ceinture gravée d'un cartouche dans lequel figure son nom.

Les palais royaux

Ainsi, ce personnage unique ne peut vivre que dans un endroit d'exception. Malheureusement, aucun palais intact n'existe plus, mais les quelques vestiges présents témoignent d'une élégance certaine et d'une architecture spacieuse. Et pour cause : outre la résidence du roi, de sa famille et de la cour, le palais abrite son cabinet de travail constitué de bureaux et de salles d'audience centralisant l'administration générale de l'Égypte.

Des fouilles archéologiques conduites à **Thèbes**, sur la rive occidentale du Nil, ont révélé la présence d'un palais en terre crue érigé par *Amenophis III* à la fin de sa vie et que les textes appellent la "Maison de Jubilation". Salles officielles, pièces d'apparat, locaux d'habitation, temples, reposoirs de barque, greniers, ateliers témoignent de l'ampleur du palais royal et de l'activité incessante qui devait y régner. Reliefs et objets montrent quel raffinement entourait le roi et sa cour. Palettes à fard en bois ou en ivoire, vases à parfum et flacons de toutes espèces en verre coloré, petites statuettes de servantes ou de divinités protectrices, objets de toilette divers nous apprennent dans quel environnement quotidien Pharaon aimait à vivre.

Pharaon en Sphinx

On ignore quel roi ce sphinx représente puisqu'il est totalement anépigraphe. Mais, à lui seul, le style permet d'affirmer qu'il s'agit d'une œuvre de la XVIIIe dynastie, peut-être même, si l'on en juge par le modelé du visage, du règne d'Amenophis II. Il est probable qu'alors, il flanquait l'entrée du temple de Ptah à Memphis. Aujourd'hui, il gît, seul, avec, comme compagnons, quelques palmiers décharnés. Le thème du sphinx incarne le souverain sous son aspect terrifiant : c'est Pharaon qui anéantit les ennemis et qui chasse les rebelles. Bien souvent placé devant l'entrée des temples ou dans les nécropoles, le sphinx, par extension le roi, se doit de veiller sur les dieux comme sur les morts.

Sphinx de Mit-Rahineh, Memphis, Basse-Égypte.

Formation de la titulature royale

En accédant au trône d'Égypte, Pharaon choisit un ensemble de noms destinés à le qualifier et à l'identifier de ses prédécesseurs ou successeurs. À l'origine, seul le premier nom, le nom d'Horus, sert à désigner le roi mais, dès les premières dynasties, cette titulature s'enrichit pour aboutir à un protocole complet, constitué de cinq noms et utilisé de manière régulière à partir du Moyen Empire.

Nom I - *Le nom d'Horus*

Il présente le roi comme incarnation du dieu faucon *Horus*. Ce nom s'inscrit dans un *sérekh*, stylisation d'une façade de palais, surmonté d'un faucon coiffé du *pschent*, couronne royale résultant du mélange entre "La Blanche" de Haute-Égypte et de "La Rouge" de Basse-Égypte.

Nom II - *Le nom des Deux Maîtresses*

Il place Pharaon sous la protection des deux déesses tutélaires de l'Égypte : *Nekhbet*, "Celle d'El-Kab", la déesse vautour de Haute-Égypte, qui réside à El-Kab ; *Ouadjet*, "La Maison de Ouadjet", la déesse cobra de Basse-Égypte, qui réside à Bouto.

Nom III - *Le nom d'Horus d'Or*

Introduit par une image d'*Horus* assis sur le signe de l'or, *noub*, ce nom affirme le caractère inaltérable, divin et sublime du corps d'*Horus*, donc, par extension, de Pharaon, incarnation vivante du dieu.

Nom IV - *Le nom de Roi de Haute et de Basse-Égypte*

On peut également traduire ce nom par "Celui qui appartient au Roseau et à l'Abeille" ; le roseau étant l'emblème du Nord, et l'abeille celui du Sud. En fait, il s'agit du "prénom" de Pharaon, qu'il reçoit lors de son intronisation. Il affirme sa souveraineté sur les deux royaumes dont se compose le pays : la Haute et la Basse-Égypte.
Ce nom est inscrit dans un cartouche, sorte de boucle de corde allongée et fermée par un nœud, qui symbolise le règne universel de Pharaon et confirme sa toute puissance sur le monde.

Nom V - *Le nom de Fils de Ré*

Également inscrit dans un cartouche, ce nom confirme la filiation solaire de Pharaon, ainsi que son ascendance divine. Plusieurs rois peuvent porter le même nom de Fils de Ré. Aujourd'hui, c'est par ce nom que nous appelons couramment les pharaons : *Chéops*, *Toutankhamon*, *Ramsès*...

Voici, par exemple, la titulature de *Ramsès II*. Elle montre combien ces noms, tous traduisibles y compris celui de Fils de Ré, sont toujours très lourds de signification.

Nom I	"Taureau puissant aimé de *Maât*"
Nom II	"Qui protège l'Égypte et subjugue les pays étrangers"
Nom III	"Riche en années, grand de victoires"
Nom IV	"Riche en Vérité de Ré, élu de Ré"
Nom V	"Ré lui a donné la naissance, l'aimé d'*Amon*"

Les scènes de banquets où les corps des danseuses et des musiciennes, légèrement vêtues, ondulent gracieusement, les tableaux de chasse et de pêche dans les marais ou les images inspirées de la vie au bord du fleuve comptent parmi les chefs-d'œuvre de l'art égyptien. Ces représentations, toujours assez colorées et sculptées en léger relief, respirent calme, tranquillité et sensualité.

La vie quotidienne de Pharaon semble calquée en tous points sur celle du dieu et s'accompagne d'un rituel complexe, semblable au culte journalier du temple : lever du roi, habillage du roi, sortie du roi au milieu d'une foule de courtisans qui se prosternent au passage du grand homme : *"ils flairent la terre, se traînent sur le sol et adressent des prières à ce Dieu parfait en exaltant sa beauté"*. S'ensuivent les séances de travail, notamment avec le vizir qui, tous les matins, vient rendre compte au souverain de l'état des affaires du pays pour que, en cas de problème, soient prises les décisions adéquates. Outre ces préoccupations inhérentes à sa fonction, les stèles et reliefs aiment à évoquer les banquets, largement fournis et agrémentés de distractions musicales et de danses.

Malheureusement, aussi exceptionnel soit-il, Pharaon reste un être humain sujet à la maladie et, surtout, à la vieillesse. Donc, pour renouveler sa force et sa vigueur, on célèbre un rituel, le **Heb-Sed**, destiné à régénérer la force physique et les capacités magiques du roi. Il s'agit d'une cérémonie au cours de laquelle Pharaon rend visite à de nombreux sanctuaires de Haute et de Basse-Égypte et pratique certains rites de renouvellement de pouvoir et de force : tir à l'arc et course à pied sont autant de manifestations de sa jeunesse retrouvée. En principe, la **Fête-Sed** se déroule après trente ans de règne, mais certains calculs tendent à montrer qu'en réalité, elle a plutôt lieu à intervalles beaucoup plus rapprochés, tous les dix ans peut-être, puisque certains pharaons évoquent plusieurs jubilés au cours de leur seul règne.

Histoires de complots

Mais, malgré tout cet amour et toute cette attention dont bénéficie Pharaon, les récits historiques attestent quantité de conspirations, intrigues diverses, assassinats dirigés contre le personnage royal. Étonnamment, les complots les plus audacieux pour renverser Pharaon ont été imaginés dans les harems, par des concubines ou des femmes secondaires jalouses.

Le plus retentissant de tous ces événements reste celui qui s'est produit à la fin du règne de *Ramsès III* où l'on a osé attenter à sa vénérable personne. L'ampleur du complot ourdi contre le pharaon, comme l'ensemble des personnalités impliquées dans cette affaire, jusque dans les rangs princiers, témoignent de l'état pitoyable dans lequel se trouvait alors l'administration égyptienne.

Pendant très longtemps, il nous paraissait évident que *Ramsès III* n'avait pas survécu à l'attentat et que le grand ordonnateur du procès n'était autre que son fils, *Ramsès IV*. La récente découverte de trois papyrus citant cette affaire nous permet de conclure que *Ramsès III*, certainement sauvé par une dénonciation du complot, a dirigé lui-même le procès.

Tiyi, une épouse secondaire de *Ramsès III*, dépitée de voir son fils **Pentaour** perdre toutes ses chances d'accéder au trône, se résout à assassiner le vieux roi, espérant, par cet acte incontrôlé, faire nommer son fils Pharaon, au détriment des autres enfants légitimes. Pour ce faire, elle obtient l'aide de plusieurs fonctionnaires du palais, dont celle du grand majordome qui avait toute la confiance du roi. Au total, on compte trente-deux personnes, directement impliquées dans la conjuration. Les chances de réussite ont dû paraître importantes car bien des fonctionnaires supérieurs avaient pris parti pour les conjurés et en avaient vivement débattu les termes avec les femmes du harem. Quant aux fonctionnaires inférieurs, ils connaissaient au moins l'existence du complot et certains, ayant assisté aux délibérations des infidèles, avaient trouvé bon de garder le silence. Les coupables ont été jugés par une commission des plus expéditives. Les procès-verbaux sont courts et stéréotypés.

"Le grand criminel Pteouenteamon, qui fut inspecteur du harem. Il a été amené là car il avait entendu parler des affaires que les hommes avaient complotées avec les femmes du harem, et il les avait tues. Il fut amené devant les hauts fonctionnaires de la Cour d'Instruction. Ceux-ci jugèrent ses crimes, ils le trouvèrent coupable et ils firent en sorte qu'il fût saisi par son châtiment."

Les peines prononcées ne sont connues que pour certains d'entre eux : le nez et les oreilles tranchés pour les fonctionnaires corrompus et la peine capitale pour les coupables les plus largement impliqués dans le complot. Visiblement, les personnages d'essence royale ont eu le triste privilège de mettre fin, eux-mêmes, à leurs jours : on pense qu'ils auraient été invités à se "suicider".

Maspéro explique : *"... par l'examen d'une momie déterrée à Deir el-Bahari et connue sous le nom de «momie du prince sans nom». C'est celle d'un sujet mâle, de vingt-cinq à trente ans, bien constitué et sans lésion, qui a été enseveli sans avoir subi les opérations ordinaires de l'embaumement, la masse cérébrale n'a pas été extraite, les organes internes étaient intacts… Jamais visage ne retraça plus fidèlement le tableau d'une plus poignante et plus épouvantable agonie. Les traits horriblement convulsés indiquent, presque d'une façon certaine, que le malheureux a dû succomber à une asphyxie voulue et causée par un ensevelissement de son vivant."*

Pharaon, chef de l'administration

Les dossiers qui s'amoncellent sur les bureaux des services administratifs sont des plus conséquents : et pour cause, au nom de Pharaon, son chef suprême, l'administration égyptienne contrôle tout. Il n'est de secteur d'activité qui lui échappe. Dans les archives, se trouvent toutes sortes de documents : notes de service, listes de personnel, relevés cadastraux et fiscaux, bordereaux de versements de salaires, procès-verbaux divers, plaintes des administrés, blâmes et punitions venant des supérieurs…

Sésostris III

Cette représentation extraordinaire de Sésostris III provient de Medamoud, en Haute-Égypte, où s'était développé, au Moyen Empire, un style assez particulier puisque parfaitement réaliste. Malgré le très mauvais état de conservation de cette tête, on devine l'expression attristée du roi qui n'a pas hésité à se faire représenter avec tous les stigmates de la vieillesse et de la fatigue. Le développement de ce style correspond à une situation nouvelle, née des désordres de la Première Période Intermédiaire : désormais, Pharaon est considéré, non plus comme un dieu, mais comme un homme sur lequel pèsent de trop lourdes responsabilités.

Musée du Louvre.

Tous ces renseignements, rédigés sur papirys ou **ostraca**, sont présentés de manière savante et ordonnée : soulignements, annotations, corrections à l'encre rouge, comptes alignés en colonnes…

S'attachant à régir tous les domaines, cette administration est donc bien diversifiée et très spécialisée : de vastes équipes de titulaires, savamment hiérarchisés, ont à connaître des champs, des troupeaux, des greniers, des constructions, des bateaux, des soldats, des frontières, des relations avec les pays étrangers, des expéditions commerciales, de la justice, des prisons, de la santé… Outre l'administration royale, toute région administrative, tout temple, tout particulier aisé possède sa propre bureaucratie. C'est dire l'ampleur et la complexité de cette machinerie lourde et complexe que représente l'administration. Mais l'étude des documents pharaoniques semble montrer que, tout au long de l'histoire égyptienne, la bonne marche de l'administration est liée au bon fonctionnement du pays. Lorsque l'emprise du gouvernement central sur le pays, hommes et biens, s'affaiblit, l'Égypte connaît alors tous les déboires : invasion, guerre et, bien entendu, famine.

Sous l'**Ancien Empire**, le système se caractérise par une centralisation exacerbée du pouvoir, où la frontière entre le service personnel du "roi-dieu" et celui de l'État reste difficile à définir. Au niveau central, le roi choisit un vizir, chef incontesté de l'exécutif, qui a compétence dans tous les domaines. Il dirige quatre départements : le **Trésor**, gérant le secteur économique et percevant l'impôt ; l'**Agriculture**, qui s'occupe d'élevage et de culture ; les **Archives Royales**, où sont soigneusement conservés titres de propriété, actes civils, contrats, testaments, décrets, minutes, jugements et textes juridiques divers ; la **Justice**, chargée de faire appliquer les lois.

À l'échelon local, l'Égypte est divisée en **nomes**, ou provinces, au nombre de quarante-deux, dirigés par des **nomarques**, couramment qualifiés de "creuseurs de canaux". Ils s'occupent de l'exploitation économique de la région, de l'entretien de l'irrigation et de la surveillance des domaines. Sous l'Ancien Empire, le problème vient de l'hérédité de ces charges. Les domaines deviennent la base de féodalités et leurs détenteurs cherchent à s'accaparer les prérogatives attachées aux propriétés royales. De la IVe au déclin de la VIe dynastie, les administrations provinciales s'enrichissent considérablement et finissent, petit à petit, par prendre leur indépendance.

Pour tenter de redresser la situation, les pharaons établissent une série de postes, en relation directe avec le gouvernement central. Cependant, ces charges de fonctionnement restent purement illusoires et symboliques : on est *"Chef des secrets qu'un seul homme voit"*, *"Chef des secrets qu'un seul homme entend"*, *"Chef des secrets des mystères du ciel"*, *"L'Ami Unique"*, *"Le Porteur de Sandales"*, *"Le Préposé aux Couronnes"*… Ainsi, cette période particulièrement confuse du déclin de l'Ancien Empire se caractérise par une dégradation du pouvoir central, doublée par une montée en puissance des particularismes locaux et une situation extérieure d'autant plus menaçante que le pouvoir royal s'affaiblit.

Les deux secteurs principaux sont, d'une part, la production agricole et, d'autre part, les grands travaux, liés à la construction des monuments funéraires royaux et des temples. Ceux-ci réclament quantité de matériaux : pierres et pierres précieuses ou semi-précieuses. Pharaon organise alors de grandes expéditions d'exploitation et de prospection des ressources minières et des carrières des pays limitrophes. Pour ces travaux d'envergure, il se réserve le droit de réquisitionner les populations rurales. Généralement, cette main-d'œuvre est payée en nature : habillement, logement, nourriture.

Dès les premières dynasties, deux fonctions se développent rapidement, très contrôlées, certes, mais bénéficiant de nombreux avantages : les artisans et les scribes. Ils jouissent d'une très grande considération car ils représentent une parcelle de l'autorité royale. Au sein de leur corporation, une hiérarchie très sévère existe, que chacun doit respecter. Mais, l'emplacement de leur tombe, toujours aménagée à proximité immédiate de la grande pyramide royale, témoigne de leur importance au sein de la société égyptienne.

Pendant la **Première Période Intermédiaire**, le prestige de Pharaon subit une importante éclipse, car ces trop longues années de troubles, doublées par une grave sécheresse, provoquent quelques doutes sur les pouvoirs royaux. Les **"Lamentations d'Ipou-ouer"**, seul texte connu sur cette époque obscure, retranscrivent l'incapacité de l'administration pharaonique à gérer cette crise.

"Le Conseil Privé du roi, voilà que ses archives sont emportées et les secrets qu'elles contenaient sont rendus publics. Les formules religieuses sont divulguées. Les bureaux sont forcés et leurs inventaires sont emportés. Les scribes sont assassinés, leurs écrits pillés.

Profil royal

Il est bien difficile de savoir qui l'artiste a bien voulu représenter dans cette ébauche. De façon certaine, il s'agit d'un pharaon puisque son front est orné de l'uraeus royal, ce cobra symbolisant l'œil de Rê chargé de foudroyer les ennemis du roi. Les traits stylistiques du personnage permettent de penser que cette œuvre date de la XVIIIe ou de la XIXe dynastie : Thoutmosis III peut-être, à cause du nez légèrement busqué ? Quoi qu'il en soit, le profil est splendide, même si ce n'est qu'un essai rapidement esquissé sur un ostracon.
Musée du Louvre.

*Les registres des scribes du cadastre sont détruits et le blé de l'Égypte est devenu la propriété commune. Les lois sont rejetées, on les piétine sur les places publiques et les pauvres les brisent dans les rues. Des choses ont été faites qui n'étaient jamais arrivées auparavant : **le roi a été déposé par la populace**. Celui qui était enterré comme un faucon, voilà qu'il est privé d'offrandes et ce que cachait sa pyramide est vide. Les pauvres possèdent maintenant des richesses et le propriétaire d'autrefois n'a plus rien. Celui qui n'avait rien possède une grange et ses celliers regorgent des réserves d'un autre. Rien n'est à sa place : c'est comme un troupeau allant au hasard, sans berger…"*

Apparaît alors toute une littérature pessimiste, fruit de ce malaise économique et social. Le **"Dialogue du Désespéré avec son âme"**, chef-d'œuvre incontesté de la littérature égyptienne, n'est autre que le constat désabusé d'un homme face à une vie où règnent violence et incompréhension.

"À qui parler aujourd'hui ? Les amis sont méchants et les frères d'aujourd'hui ne savent pas aimer !

À qui parler aujourd'hui ? Les cœurs sont avides et chacun cherche à s'emparer des biens de son prochain ; l'homme paisible dépérit et le fort écrase tout le monde !

À qui parler aujourd'hui ? C'est le triomphe du Mal et le Bien est partout jeté à terre !"

"La mort est à mes yeux comme la guérison pour le malade, comme de sortir après avoir souffert.

La mort est à mes yeux comme le parfum du lotus, comme de s'asseoir sur la rive du pays de l'ivresse.

La mort est à mes yeux comme le désir d'un homme de revoir sa maison après de longues années de captivité."

Le **Moyen Empire** rétablit donc, pour un temps, le pouvoir pharaonique mais, désormais, le prestige du souverain repose sur sa puissance effective. Pharaon se rapproche de ses sujets et quitte son statut de roi idéal, incarnation vivante des dieux, pour n'être plus que le chef de l'administration et de l'armée. Une bureaucratie nouvelle et moins centralisée, issue des gouvernements provinciaux de la **Première Période Intermédiaire**, se met en place. L'Égypte rétablit son pouvoir sur les régions limitrophes de l'ouest et de l'est, sur le **Sinaï** notamment pour ses riches carrières de pierres dures et de turquoise, se lance dans une vaste colonisation de la **Nubie** et développe l'exploitation agricole et économique de l'oasis du **Fayoum**, région délaissée jusqu'à cette époque.

L'expérience douloureuse de la **Première Période Intermédiaire** et l'analyse raisonnée de tous ces événements conduisent le souverain à aborder plus sereinement l'exercice du pouvoir. Par précaution, Pharaon associe au trône son fils aîné et lui inculque, dès le plus jeune âge, les règles qui régissent le dur métier de roi. De cette époque date l'**"Enseignement d'Amenemhat Ier"** à son fils *Sésostris Ier*, somme de constatations amères, mises en garde et conseils sur les principes de gouvernement.

"Garde tes distances envers tes subordonnés, qui ne sont rien et aux intentions desquels on ne prête pas attention ! Ne te mêle pas à eux quand tu es seul, ne fais confiance à aucun frère, ne connais aucun ami. Ne te fais jamais de client : cela ne sert à rien. Lorsque tu te reposes, garde-toi toi-même, car l'on n'a pas d'ami le jour du malheur ! J'ai donné au pauvre et élevé l'orphelin, j'ai fait parvenir celui qui n'avait rien comme celui qui avait du bien, et celui qui mangeait ma nourriture, voilà qu'il complote ! Celui à qui j'ai tendu la main, voilà qu'il en profite pour fomenter des troubles ! Ceux que vêt mon lin fin, voilà qu'ils me regardent comme un paillasson ! Ceux que oint ma myrrhe, voilà qu'ils me crachent dessus ! Les images vivantes qui m'ont été attribuées - les hommes - ils ont ourdi contre moi un complot inouï et un grand combat, comme on n'en a jamais vu !"

Et pourtant, malgré une vigilance ininterrompue **Amenemhat Ier**, incapable de juguler ces vagues d'attentats et de violence, périt en l'An 29 de son règne, victime d'une conspiration ourdie, semble-t-il, au sein du palais.

L'entrée dans le **Nouvel Empire** correspond à une modification radicale de la société égyptienne qui, désormais, compte trois centres de pouvoir : Pharaon et l'administration, le clergé et l'armée. Le roi devient un héros guerrier, l'incarnation d'un dieu de la guerre et d'un dieu solaire : **Amon-Rê**. C'est le héros glorieux et conquérant, le souverain universel, doté de qualités divines et surhumaines, fils divin et interlocuteur privilégié des dieux. Au sommet de l'administration se trouve le roi, aidé par des vizirs, appelés les **tjaty**, eux-mêmes secondés par des "Maires des grandes villes", gouverneurs d'un territoire bien délimité, expédiant régulièrement des rapports à leur supérieur hiérarchique.

La région thébaine devient le centre administratif et religieux de tout le pays. Pourquoi **Thèbes** ? Ce choix correspond à une double volonté : affirmer la puissance de l'Empire thébain tout en se rapprochant de la **Nubie**. En effet, après les désordres de la **Deuxième Période Intermédiaire**, ce sont des princes de **Thèbes** qui partent à l'assaut de l'envahisseur **Hyksôs** et organisent la réunification du pays, choisissant leur ville d'origine comme centre de pouvoir. Parallèlement, une nécessité géographique et politique commence à se dessiner. En **Nubie**, l'Égypte s'étend désormais jusqu'à la ville de **Napata**, située au niveau de la quatrième cataracte. Il semble donc assez naturel de voir la capitale s'installer le plus près possible de son centre. De plus, le pays tire, de son Empire africain, une partie considérable de ses ressources en or, argent, matières précieuses, peaux, ivoires, encens, bois, pierres, hommes… ; d'où la nécessité impérieuse de se rapprocher de la **Nubie**.

Pharaon, fils et serviteur des dieux

Un conte des plus anciens, connu grâce au **Papyrus Westcar**, raconte comment **Redjedjet**, épouse de **Raouser**, Grand Prêtre de *Rê*, donna naissance aux trois premiers rois de la Ve dynastie. Pour cet accouchement hors du commun, on fit appel aux déesses *Isis*, *Nephtys*, *Meskhénet* et *Héqet* ainsi qu'à *Khnoum*, ce dieu qui, dans certaines traditions, avait pour charge de modeler les hommes sur son tour de potier.

Amenophis II
Ce fragment de tête en quartzite rouge d'Amenophis II, pharaon de la XVIIIe dynastie, est remarquable par l'extrême pureté de ses lignes et l'expression presque vivante du souverain : un sourire, à peine esquissé, illumine ce visage de pierre qui semble regarder fixement devant lui. Pharaon porte le némès, ce linge strié enveloppant les cheveux et reprenant le front, surmonté du cobra dressé, l'uraeus, dont la tête a été cassée. La barbe postiche a disparu mais on discerne parfaitement, devant les oreilles, les attaches qui servaient à la tenir en place.
Musée du Louvre.

*"Alors Isis se plaça devant elle, Nephtys derrière elle et Héqet accéléra la naissance. Et Isis dit : « Ne sois pas trop puissant dans son sein, en ce tien nom d'**Ouserkaf** ». Cet enfant lui glissa alors sur les mains : c'était un enfant long d'une coudée et dont les os étaient solides. Il avait les membres incrustés d'or et portait une coiffure en lapis-lazuli véritable. Elles le lavèrent, après qu'eut été coupé son cordon ombilical et qu'il eut été placé dans un cadre en briques. Puis Meskhénet alla vers lui et dit : « Un roi qui exercera la royauté dans le pays entier », tandis que Khnoum donnait la santé à son corps."*

En effet, par essence, Pharaon n'est autre que le fils charnel du dieu. Cette idée, bien qu'omniprésente, apparaît plus volontiers lorsque le besoin de légitimer une accession au pouvoir se fait sentir. Ainsi, à la XVIIIe dynastie, la reine *Hatchepsout*, contestée par les partisans de *Thoutmosis III*, décide de représenter cette filiation divine sur les parois de son temple funéraire de **Deir el-Bahari**. La scène montre comment le dieu *Amon*, sous l'aspect de *Thoutmosis Ier*, vient s'unir à la reine *Ahmès* pour concevoir la petite *Hatchepsout*. Derrière, figurent le dieu potier *Khnoum* et sa parèdre, *Héqet*, ainsi que le groupe des sept *Hathor*. Après la naissance, les dieux présentent l'enfant divin à son père, *Amon*, et le confient à la grande déesse nourricière, la vache *Hathor*, chargée de l'allaiter et de veiller sur lui.

Un tableau identique existe à **Louqsor**, dans la **"Chambre de la Naissance d'Amenophis III"**. Plus précises, les scènes relatent, dans les moindres détails, les différentes étapes de cette théogamie : la conception, la grossesse et la naissance. Ici, un éventail plus complet de divinités interviennent : *Amon*, *Khnoum* et *Hathor*, mais, également, *Isis*, comme assistante du dieu *Khnoum*, *Thot*, chargé d'annoncer à la reine qu'elle enfantera d'un fils voué à l'exercice de la royauté, *Thouéris* et *Bès*, qui président à l'accouchement et s'assurent de son bon déroulement, et les génies de Haute et de Basse-Égypte, comme spectateurs attentifs de l'événement et protecteurs de l'enfant divin.

La généralisation de ce concept, visant à accorder à Pharaon la filiation divine, ne remonte qu'à la Basse Époque. Le sanctuaire s'enrichit alors d'un petit édifice annexe : le **"mammisi"**, terme traduit par le "lieu de la naissance". S'y déroule chaque année le mystère de la naissance du dieu fils : *Khonsou*, dans la triade thébaine, *Néfertoum*, dans la triade memphite, ou encore *Anoukis*, dans la triade d'**Éléphantine**. Par extension, le dieu fils devient l'enfant roi : les représentations intérieures évoquent, comme chez *Hatchepsout* ou *Amenophis III*, les divers épisodes de la conception divine de Pharaon.

Dans un tel contexte, où Pharaon bénéficie de relations intimistes avec les divinités, les lois visant à régir le fonctionnement des lieux de culte deviennent plus explicites. En tant que fils des dieux et représentant des dieux sur terre, seul Pharaon peut aspirer à une approche réelle du divin. Sa mission consiste à maintenir l'ordre universel et, à ce titre, il reste le seul personnage habilité à officier dans les temples. Se pose alors un problème matériel : au regard de la multitude de sanctuaires le long de la Vallée du Nil, Pharaon ne peut, en aucun cas, honorer quotidiennement cette charge. Donc, par délégation royale, le clergé assure la pratique journalière du culte divin même si, sur les parois des temples, seul Pharaon figure dans l'accomplissement de ces rites. Pour éviter la colère des dieux, qui n'hésiteraient pas à ordonner un retour définitif au chaos, le roi se doit de construire, à travers tout le pays, temples et lieux de culte qu'il entretient par des dons incessants d'offrandes. En échange, les divinités lui assurent protection et secours en toutes circonstances.

Pharaon, chef de guerre

Outre ses hautes charges administratives et sacerdotales, Pharaon porte aussi le titre de Chef Suprême des Armées. Cette fonction prend toute son envergure quand, à partir du Nouvel Empire, l'Égypte se lance dans une politique de conquêtes territoriales : en **Libye** à l'ouest, en **Nubie** au sud et en **Syrie-Palestine** à l'est. Pharaon se transforme en roi héros et guerrier : il est *"fort comme Montou quand il s'avance"* explique le narrateur de la bataille de **Qadesh**. Comme l'annonce le deuxième nom de *Ramsès II*, son **nom des Deux Maîtresses**, il *"protège l'Égypte et subjugue les pays étrangers"* : tel est le programme, militaire et impérialiste, adopté par ces quelques dynasties conquérantes.

Reliefs et textes illustrent cette nouvelle politique. La puissance de frappe devient un des attributs essentiels de Pharaon : il est celui qui *"entre dans la bataille et ne fait jamais retraite, le Généralissime de son armée, le vaillant sur son char, qui saisit son arc et tire à sa droite sans manquer le but, celui qui se tient sur le sol, puissant par la bravoure, le bras fort portant la masse et l'écu, lui qui foule les rois sous ses sandales…"*

Amenophis III

Cette tête royale présente Amenophis III coiffé du khépresh, la couronne de guerre, sur lequel s'enroule un uraeus, difficile à discerner du fait de sa cassure en partie supérieure. Malgré la dureté de la pierre, de la granodiorite, l'artiste a réussi à donner au visage une expression des plus réalistes, accentuée par le léger sourire qui vient animer les traits doux et réguliers du roi. À la XVIIIe dynastie, ce type d'œuvre, qui caractérise l'art sous les règnes d'Amenophis III et IV, est terriblement novateur et contraste avec les canons, plus formels et plus stéréotypés, en vigueur aux époques et aux dynasties antérieures.

Musée du Louvre.

Amenophis IV

Plusieurs de ces statues d'Amenophis IV nous sont parvenues. Elles proviennent du temple d'Aton que le souverain s'était aménagé à Karnak avant qu'il ne choisisse d'installer sa résidence à Tell el-Amarna. Toutes portent le nom d'Amenophis qui choisira, par la suite, de se faire appeler Akhénaton. Elles présentent Pharaon vêtu du simple pagne royal, les bras croisés sur la poitrine, portant le sceptre heqa et le flagellum. Cette œuvre a été offerte par le gouvernement égyptien au Musée du Louvre, en remerciement de la collaboration apportée par la France lors du remontage des temples de Nubie.
Musée du Louvre.

Pages suivantes
Le temple de Ramsès II à Abou Simbel

Le grand temple d'Abou Simbel est un des monuments les plus spectaculaires édifiés au cours de l'histoire égyptienne. Il s'agit d'un temple rupestre situé en Basse-Nubie, à quelque trois cents kilomètres au sud d'Assouan, et creusé dans les profondeurs de la falaise libyenne. Ce spéos, œuvre de Ramsès II, était dédié au dieu solaire Rê-Horakhty, à Amon et au souverain divinisé. Les quatre statues colossales qui ornent la façade mesurent 20 mètres de haut et présentent le roi assis, les mains sur les genoux, la tête enveloppée dans le némès surmonté du pschent, la couronne de Haute et de Basse-Égypte, et du cobra royal, l'uraeus. La construction du Barrage d'Assouan a obligé les autorités égyptiennes à envisager le déplacement du temple qui menaçait de sombrer sous les eaux du Lac Nasser. La communauté internationale s'est donc mobilisée pour procéder au sauvetage. Aujourd'hui, le temple siège dans son orientation initiale... 80 mètres plus haut qu'à l'origine.
Temple de Ramsès II, Abou Simbel, Nubie.

Dès le début de la XVIIIe dynastie, les parois des temples de culte et des temples funéraires se couvrent de scènes relatives aux conquêtes royales et à la force totalement invincible du souverain. Pharaon, représenté en taille héroïque, donc gigantesque, massacre, à l'aide d'une massue, une poignée d'ennemis qu'il tient par les cheveux. C'est le symbole de la victoire de l'ordre sur le chaos, de l'incontestable supériorité de l'Égypte sur les pays étrangers. De même, le compte-rendu détaillé des combats guerriers devient une scène iconographique habituelle. Le roi, dans toute sa gloire, suivi de quelques fantassins à peine visibles de par leur petite taille, domine le champ de bataille, où s'entremêlent corps démantelés et ennemis implorants. Suit l'inévitable tableau où Pharaon glorieux présente à *Amon* une file interminable de prisonniers ficelés. À ses pieds, figurent les "cartouches forteresse", sortes d'ovales crénelés contenant les noms des peuples vaincus, qu'il écrase de ses sandales.

Certaines divinités vont s'associer à l'effort de guerre : *Amon*, le dieu dynastique, *Rê*, le dieu solaire, *Ptah*, le dieu créateur de **Memphis**, *Seth*, le Seigneur des orages, mais, également, *Montou*, qui incarne la force guerrière irrésistible, la déesse lionne *Sekhmet*, "La Puissante"... Le roi s'identifie à eux et ne manque jamais, avant la bataille, de multiplier dons, présents et offrandes pour que force, puissance et courage ne cessent de l'accompagner dans sa lutte. Au retour, en gage de remerciement, il offre une importante partie des tributs de guerre aux différents clergés qui s'enrichissent jusqu'à devenir la base de domaines économiques et fonciers immenses : c'est le cas du grand temple d'*Amon* à **Karnak** dont la puissance et la fortune vont bien rapidement devenir une menace réelle pour le gouvernement central.

Une des histoires les plus populaires reste celle où *Ramsès II*, pharaon d'Égypte, affronta **Mouwattali**, roi des Hittites. Il s'agit de la bataille de **Qadesh**, immortalisée sous le nom de **"Poème du Pentaour"** et connue par des représentations gravées sur les façades des temples de l'Empire. Une subtile combinaison de textes et de dessins retrace cette épopée, symbole de la victoire égyptienne sur les pays étrangers, preuve, également, de l'importance de la propagande royale à l'époque ramesside.

"Sa Majesté se mit en marche vers le nord avec son infanterie et sa charrerie, et, après un départ sans encombre le 9e jour du 2e mois de l'été de l'An 5, Sa Majesté passa la forteresse de Silé, fort comme Montou quand il s'avance. Tous les pays de trembler devant lui et leurs chefs d'apporter leurs tributs : tous les rebelles courbent l'échine par crainte de l'autorité de Sa Majesté !"

Les Égyptiens arrivent à proximité de **Qadesh**, sur l'Oronte, lieu d'affrontement entre les deux armées.

"Or, le vil Hittite y était venu, après avoir réuni en fédération avec lui tous les pays jusqu'à la mer (...). Ils couvraient monts et vallées, telle une multitude de sauterelles. Il n'avait rien épargné de l'argent de son pays et s'était dépouillé de tous ses biens pour les donner à ces pays, afin qu'ils l'accompagnent à la guerre."

Les Hittites, embusqués derrière **Qadesh**, laissent passer la première division égyptienne, celle d'*Amon* dirigée par *Ramsès II*, et attaquent la division de *Rê* qui, prise par surprise, s'enfuit. *Ramsès II* se retrouve alors coupé de ses armées et encerclé par les Hittites.

"On vint rapporter l'événement à Sa Majesté. Sa Majesté jaillit comme Son père Montou. Elle prit Ses armes de combat, enfila Sa cotte de mailles : c'était Baâl en action ! (...) Sa Majesté piqua des deux et fonça sur le vil Hittite, toute Seule, sans personne avec Elle ! Sa Majesté s'avança pour jeter un coup d'œil autour d'Elle et Se vit entourée de deux mille cinq cents chars qui convergeaient vers Elle et de tous les éclaireurs du vil Hittite et des nombreux pays qui l'accompagnaient."

Abandonné par ses hommes, le roi se tourne vers *Amon* qui, chose extraordinaire, lui répond. Galvanisé par la présence du dieu, le roi, seul, taille en pièces les ennemis. **Mouwattali** envoie, dès le lendemain, une demande d'armistice en ces termes :

"Ton humble serviteur proclame que tu es fils de Rê, issu physiquement de lui et à qui il a remis tous les pays réunis. Pour ce qui est du pays d'Égypte et du pays hittite, ce sont tes serviteurs ; ils sont à tes pieds : c'est ton père, le divin Rê, qui te les a donnés. N'use pas de ton pouvoir sur nous ! Oui, ton autorité est grande et ta force pèse lourdement sur le pays hittite. Mais est-il bon que tu tues tes serviteurs, le visage terrible contre eux ? Regarde : hier, tu as passé ta journée à tuer cent mille hommes, et aujourd'hui tu es revenu et n'épargnes pas tes héritiers. Ne pousse pas trop ton avantage, roi victorieux ! La paix est meilleure que la guerre !"

Mais, si l'on en croit les archives hittites, il semble plutôt que *Ramsès II* se soit retiré après une victoire des plus mitigées, puisqu'il a seulement sauvé son armée du désastre. Les deux armées adverses ont quitté le champ de bataille sans avoir été battues, ni l'une, ni l'autre.

Les grandes figures royales du Nouvel Empire 1539 à 1080 avant J.-C.

XVIIIe dynastie	1539 à 1514	Ahmosis et Ahmès-Néfertari
	1514 à 1493	Amenophis Ier
	1493 à 1481	Thoutmosis Ier et Ahmès
	1481 à 1478	Thoutmosis II et Hatchepsout
	1478 à 1456	Hatchepsout
	1478 à 1426	Thoutmosis III et Mérytré Hatchepsout
	1426 à 1401	Amenophis II et Tiâa
	1401 à 1391	Thoutmosis IV et Moutemouia
	1391 à 1353	Amenophis III et Tiyi
	1353 à 1336	Akhénaton et Néfertiti
	1336 à 1335	Sémenekhkaré et Mérytaton
	1335 à 1326	Toutankhamon et Ankhesenamon
	1326 à 1323	Ay et Tiyi II
	1323 à 1293	Horemheb et Moutnedjmet
XIXe dynastie	1293 à 1291	Ramsès Ier et Satré
	1291 à 1279	Séthi Ier et Touya
	1279 à 1212	Ramsès II et Néfertari
	1212 à 1202	Merenptah et Isisnéfret
	1202 à 1199	Amenmès et Baketourel
	1199 à 1193	Séthi II et Taousert
	1193 à 1187	Siptah-Merenptah
	1187 à 1185	Taousert
XXe dynastie	1185 à 1182	Sethnakht et Tiy-Merenaset
	1182 à 1151	Ramsès III et Isis
	1151 à 1145	Ramsès IV et Tentopet
	1145 à 1141	Ramsès V et Noubkhesed
	1141 à 1080	Ramsès VI à Ramsès XI

Reines d'Égypte

Qu'elles exercent le rôle de Roi, qu'elles soient "Mère du Roi", "Grande Épouse du Roi" ou "Épouse Secondaire du Roi", toutes, indifféremment, portent ce seul et même titre : celui de "Reine d'Égypte". Dès les premières dynasties, elles bénéficient de privilèges certains qui les différencient des égyptiennes classiques : statuts, titres, sépultures… Au départ, elles possèdent une pyramide, de dimensions moindres, auprès de la tombe royale. Plus tard, elles intègrent un site, voisin de la **Vallée des Rois**, mais différent de la **Vallée des Nobles** : la **Vallée des Reines**. Elles portent l'**uraeus** au front et sont coiffées de couronnes empruntées aux déesses *Hathor* ou *Nekhbet*. Comme celui des rois, leur nom est inscrit dans un cartouche. Leurs titulatures prouvent qu'elles sont d'essence divine, associées aux couronnes, reines du double pays, maîtresses de l'univers. Généralement, elles assurent des fonctions de prêtresses : leurs attributs sont le sistre de la déesse *Hathor* et le collier **menat**, qu'elles agitent devant les dieux. De même, elles exercent un rôle de représentation auprès de Pharaon : bien souvent, elles apparaissent aux côtés de leur fils, père ou époux comme garantes de l'ordre cosmique.

Cependant, malgré leur importance au sein de la royauté égyptienne, les reines semblent avoir été écartées du pouvoir même si, officiellement, toute femme pouvait exercer le métier de roi. Si, d'aventure, certaines d'entre elles ont réussi à se hisser à ce poste, c'est plus par accident ou par concours de circonstances, que par volonté délibérée du régime pharaonique. En fait, leur condition évolue à l'aube du Nouvel Empire : reines et princesses affirment leur pouvoir. Désormais, elles participent plus activement à la vie politique du pays et, parfois, deviennent même de véritables personnalités au sein du gouvernement royal. Dès le début de la XVIIIe dynastie, la reine *Ahhotep* et, surtout, la Grande *Ahmès-Néfertari*, respectivement mère et épouse d'*Ahmosis*, assurent une régence efficace et raisonnée en attendant l'avènement d'*Amenophis Ier*, trop jeune pour régner à la mort de son père. Au fil des temps, l'omniprésence de cette femme, à la fois reine d'Égypte et politicienne avisée, entre dans les mœurs et devient un fait acquis. Nombreux sont les exemples qui témoignent de cette étroite collaboration entre les époux royaux. Qu'il s'agisse de la reine *Tiyi*, associée à toutes les manifestations de son royal mari, *Amenophis III*, ou de *Néfertiti*, la "Belle", fidèle épouse du pharaon hérétique *Amenophis IV-Akhénaton*, ou, encore, de la reine *Néfertari*, Grande Épouse Royale de *Ramsès II*, toutes, les unes comme les autres, n'ont cessé de se distinguer par leurs actions soutenues aux côtés de leur époux et leur présence dynamique au sein du pays.

Mais pour qu'une femme puisse espérer accéder au trône d'Égypte, la seule condition de reine ne suffit pas.

Princesse amarnienne

Les fouilles conduites à Tell el-Amarna ont livré quelques fragments statuaires exceptionnels issus, en partie, des décombres d'ateliers d'artistes travaillant, essentiellement, pour la cour et la famille royale. Le fruit de ces découvertes permet de constater que, sous le règne d'Akhénaton, la femme occupait une place de toute première importance au sein de la royauté. Aucune reine ne nous est plus familière que Néfertiti et les princesses amarniennes figurent, sans doute, parmi les enfants royaux les plus célèbres de l'histoire égyptienne. Ce buste en calcaire peint est issu de cette splendide galerie de portraits et présente une des filles d'Akhénaton, coiffée d'une perruque boule striée, sur laquelle est venue se greffer une tresse finement travaillée.
Musée du Louvre.

L'histoire le prouve : hormis les reines grecques, les *Arsinoé* et les *Cléopâtre*, on ne compte que six cas de royautés féminines en trente siècles d'existence. Ces quelques cas recensés présentent des similitudes et résultent d'une conjugaison d'éléments divers. Ce sont toutes des princesses de lignée royale devenues, par la suite, épouses de pharaons. Souvent, une carence d'héritiers les conduit à assurer une régence entre le roi décédé et son successeur direct ; régence qui se transforme alors en royauté.

L'accession au pouvoir d'*Hatchepsout* répond parfaitement à ce schéma et reste le fait d'une grave crise de progéniture mâle. *Amenophis I*^{er} avait eu un seul fils, **Amenemhat**, mort en bas âge. C'est donc un descendant d'une branche parallèle, *Thoutmosis I*^{er}, qui lui succède. Désireux de légitimer son pouvoir, il épouse *Ahmès*, une des sœurs d'*Amenophis I*^{er}. De leur union, vont naître deux enfants : un fils, **Amenemès**, mort en bas âge, et une fille, *Hatchepsout*. Comme précédemment, le successeur n'est autre qu'un enfant bâtard : *Thoutmosis II*, fils de *Thoutmosis I*^{er} et d'une simple concubine, **Moutnefret**. Pour légitimer son accession au trône, il épouse sa demi-sœur *Hatchepsout*. Mais il meurt à l'âge de vingt-cinq ans, en l'An 3 de son règne, ne laissant, de surcroît, que deux filles du mariage royal. C'est donc *Thoutmosis III*, fils de *Thoutmosis II* et d'une concubine, *Isis*, qui, logiquement, est appelé à lui succéder. Cependant, à la mort de son père, il est bien trop jeune pour régner et c'est sa belle-mère, *Hatchepsout*, qui assure la régence. Dès l'An 2, elle se fait couronner roi et, pour légitimer son pouvoir, se déclare fille du dieu *Amon* lui-même et de la reine *Ahmès*. *"Comprenant le désir des Égyptiens d'être gouvernés par un homme, elle se fit représenter en Roi"*. Elle adopte les attributs royaux, essentiellement masculins, comme la barbe postiche, le pagne ou les couronnes de Haute et de Basse-Égypte, et conserve l'intégralité de la titulature pharaonique : elle est *Hatchepsout*, "Taureau puissant aimé dans **Thèbes**".

Elle règne pendant vingt-deux ans et son successeur ne monte, officiellement, sur le trône qu'après sa mort. On connaît mal les tenants et les aboutissants de ce règne quelque peu insolite. Longtemps, historiens et égyptologues ont cru que *Thoutmosis III* avait été écarté du gouvernement du pays. Mais, aujourd'hui, à la lueur de certains documents, on revient très volontiers sur cette théorie : il s'agirait plutôt d'un système à double pouvoir avec la reine *Hatchepsout* aux affaires commerciales et administratives et *Thoutmosis III* aux affaires militaires.

DIEUX, CROYANCES ET RITES

Les divinités du panthéon égyptien

Le sarcophage de Paser

Les récits cosmogoniques expliquent comment, à l'aube des temps, s'est constitué le monde organisé. Étrangement, aucune cité n'a élaboré le même schéma de création ; toutes mettent en scène des divinités primordiales différentes qui cohabitent sans la moindre gêne. Dans la ville sainte d'Héliopolis, on dit que du chaos, le Noun, a émergé un dieu, Rê-Atoum-Khépri, qui est venu à l'existence par lui-même. Il conçoit un premier couple divin, Shou et Tefnout, respectivement l'air sec et l'air humide. De leur union, naissent Geb, la terre, et Nout, le ciel. La cuve de Paser, qui était prêtre d'Amon à Karnak, illustre cette étape de la création et présente Shou, les bras levés, maintenant le corps filiforme de Nout loin au-dessus de celui de Geb, langoureusement allongé sur le sol. À droite, le défunt contemple la scène, les bras repliés devant lui, en geste d'adoration. On remarque qu'il n'a pas omis de couvrir son sarcophage de tous les symboles de protection et de longévité : croix ankh, sceptre ouas, œil oudjat, boucle de l'éternité…

Musée du Louvre.

Qui se penche sur l'histoire de la religion égyptienne se doit d'admettre un postulat : les dieux existent ; mais ils n'existent que parce que les Égyptiens nous ont dit qu'ils existaient. À l'inverse des religions monothéistes, la réalité des dieux se place exactement sur le même plan que celle de l'univers ou des êtres vivants. Donc, il n'y a pas lieu de croire ou de ne pas croire : c'est un fait. Ici, la foi ne dépend pas d'une révélation. Aussi, on n'accepte ni ne refuse cette foi : on l'admet.

Par ailleurs, leur statut purement humain rend les dieux mortels. De façon tout à fait naturelle, ils naissent, vieillissent et meurent. Ils ont définitivement disparu, un jour, avec la civilisation qui les avait créés. Aujourd'hui, ces dieux n'ont plus ni prêtres ni fidèles ; ils ne sont plus qu'un simple objet d'étude.

L'analyse du panthéon égyptien montre rapidement que son caractère polythéiste prime sur toute autre valeur. En effet, du Delta à la Haute-Égypte, dieux et déesses abondent, tout comme leurs noms, leurs images, leurs formes ou leurs apparences. Dans la religion égyptienne, rien n'interdit de représenter le divin puisque la logique veut que divinités et génies soient considérés comme des personnes avec lesquelles chacun entre en contact par le biais des représentations. Il faut comprendre et, surtout, admettre que les hommes ont inventé les dieux mais, dans la construction imaginaire qu'ils ont conçue pour expliquer l'univers, un dieu les avait créés en même temps qu'il créait les dieux et leurs images. Les idoles vénérées ne sont pas les dieux ; elles n'en sont que les images. Les Égyptiens savaient pertinemment que ces statues n'étaient que des images servant à les décrire de manière vague et partielle. En fait, chaque dieu possède plusieurs visages. Une icône précise est liée à une fonction comme à un aspect bien caractéristique de la divinité.

Inversement, une seule icône peut servir à personnifier différentes divinités. Le dieu *Thot* peut être figuré en ibis mais également en babouin qui, par ailleurs, représente l'astre solaire par excellence. Les divinités sont représentées de manière animale ou humaine et parfois en êtres hybrides résultant d'une subtile combinaison des deux. *Hathor*, la déesse de la musique et de la joie, est figurée tantôt en vache, tantôt en femme à tête de vache, tantôt en femme coiffée d'une couronne comportant des cornes enserrant un disque solaire. Les divinités sont féminines ou masculines : elles tiennent rarement des deux sexes.

Le panthéon égyptien comprend deux ensembles principaux : d'un côté, les divinités emmaillotées (*Ptah*, *Osiris* ou *Min*), liées au monde souterrain ou à la fertilité ; de l'autre, celles qui sont libres de leurs mouvements. Ces dernières sont représentées avec un vêtement stéréotypé : pagne court pour les dieux et longue tunique étroite retenue par des bretelles pour les déesses. Les uns comme les autres vont pieds nus. Les dieux ne sont absolument pas soumis aux aléas de la mode : ils portent une garde-robe des plus classiques, qui a peu évolué au cours de leur quatre mille ans d'existence. Ainsi, les vêtements seuls ne nous permettraient pas de les reconnaître s'ils n'étaient accompagnés de leur nom ou d'un attribut quelconque, couronne ou sceptre, leur appartenant. Quoi qu'il en soit, les dieux sont toujours habillés. La nudité n'est pas de mise, sauf pour les dieux enfants.

Enfin, les dieux ont une existence tripartite : au ciel vit le **ba**, l'âme du dieu, sur terre son image et, dans le monde souterrain, son corps. Ce schéma s'applique exactement de la même façon pour les hommes ; ici, il correspond à la souveraineté totale des divinités sur les trois éléments constitutifs de l'univers : le ciel, la terre et la **douat**, le monde de l'au-delà.

Cosmogonies et légendes

Les dieux ont été créés, aux origines du monde, par un démiurge, une divinité créatrice, masculine ou féminine. Ensuite, des générations de dieux sont venues à l'existence, selon un processus de reproduction tout à fait naturel. Au sein de cette grande famille que représente le panthéon égyptien, chacun a été appelé à résider auprès de ses proches ou rivaux mais cette cohabitation semble ne jamais avoir posé de problème.

Pour expliquer la création du monde, les grandes écoles théologiques ont imaginé des systèmes cosmogoniques aussi nombreux que distincts et variés. Chaque clan, chaque ville, chaque province avait élaboré, autour de son dieu de tutelle, une genèse qui a persisté jusqu'à l'extinction de la civilisation pharaonique. Bien entendu, certaines cosmogonies, mettant en scène des divinités plus influentes, ont primé sur d'autres, trop spécifiques pour être vulgarisées. Trois d'entre elles semblent avoir bénéficié d'une faveur certaine.

La Grande Ennéade d'**Héliopolis** fait intervenir neuf dieux primordiaux. *"Avant que le ciel n'existe, avant que la terre n'existe, avant que les hommes n'existent, avant que la mort n'existe"* était le *Noun*, sorte de chaos primordial inerte. Du *Noun*, émerge le soleil, *Rê-Atoum-Khépri*, qui est son propre créateur puisqu'il est venu à l'existence de lui-même : *"Quand je me fus manifesté à l'existence, l'existence exista..."* dit-il *"... car j'étais antérieur aux Dieux antérieurs, car mon nom fut antérieur au leur, car je fis l'ère antérieure ainsi que les Dieux antérieurs"*. Il est alternativement : *Khépri*, au soleil levant, représenté par un scarabée, le **khéper**, qui signifie "naître" ; *Rê*, à midi, lorsque le soleil brille, représenté par un disque ; *Atoum*, au soleil couchant, représenté comme un vieillard.

En se masturbant et en crachant par terre, dit-on, *Rê-Atoum-Khépri* donne naissance à un couple de divinités : *Shou*, l'espace aérien, et *Tefnout*, l'humidité. De leur union, naissent *Geb*, la Terre, et *Nout*, le Ciel, qui engendrent *Osiris*, *Isis*, *Seth* et *Nephtys*.

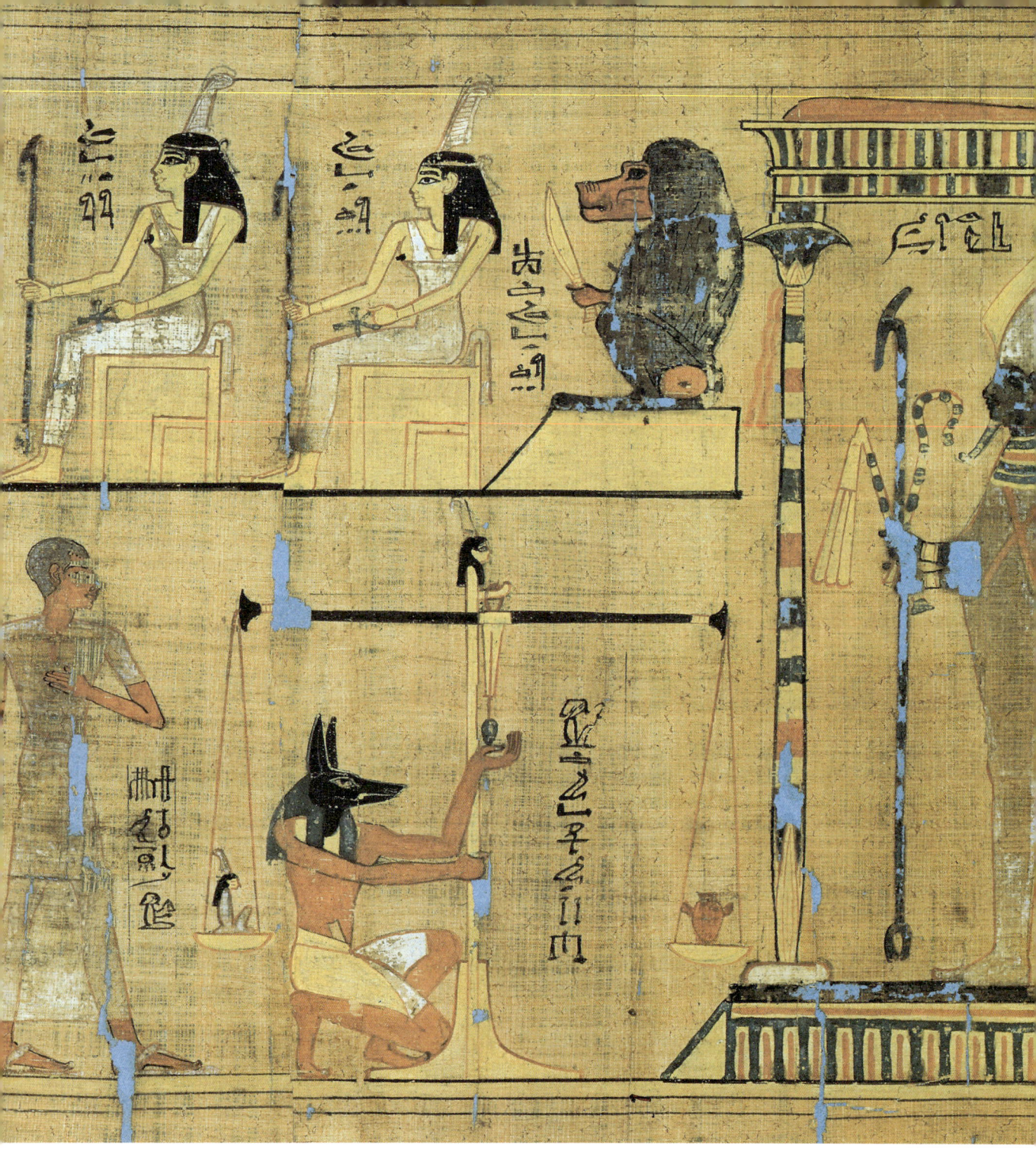

    Cette ennéade créatrice assure le lien entre les dieux et les hommes, puisque les deux dernières générations introduisent le règne humain grâce à la **"Légende d'Osiris"**. Ce mythe, le plus célèbre de toute la mythologie égyptienne, a largement dépassé la seule culture pharaonique puisqu'il a été repris, agrémenté d'une multitude de détails, par **Plutarque** dans *De Iside a Osiride*.

    Tout commence par le règne terrestre d'*Osiris*, alors que son père *Geb*, la Terre, lui avait fait don de son royaume en héritage. On dit qu'alors, il enseigna aux hommes l'agriculture et leur donna les lois et la religion. Son frère, *Seth*, en conçut de la jalousie et projeta de l'assassiner. Il invita donc *Osiris* à un banquet où se trouvaient quarante-deux convives, ses complices. Pendant le festin, *Seth* apporta un coffre splendide qu'il avait construit à la taille exacte d'*Osiris*. *Seth* promit de l'offrir à celui qui le remplirait exactement en s'y allongeant. Tous essayèrent, sans succès. Enfin, *Osiris* s'y étendit et le remplit exactement. Aussitôt les invités s'élancèrent pour fermer le coffre qui fut scellé et jeté dans le Nil.

Alors, *Isis*, la sœur et l'épouse d'*Osiris*, s'en fut le quérir à travers le pays, vainement. Elle finit par le trouver dans le port de **Byblos**, le ramena et le cacha dans le Delta du Nil. Là, elle parvint à concevoir de son mari un fils, *Horus*, qui grandit à l'abri des fourrés de papyrus. Mais l'impitoyable *Seth* découvrit le cadavre d'*Osiris* et le dépeça en morceaux qu'il éparpilla à travers l'Égypte entière. *Isis* reprit sa quête, aidée par sa sœur *Nephtys*, et retrouva tous les morceaux, sauf un, le phallus, qui était tombé dans le Nil et avait été avalé par un ornithorynque, poisson assimilé à *Seth*. *Isis* et *Anubis*, le chacal, reconstituèrent *Osiris* et entourèrent son corps de bandelettes, créant ainsi la première momie. Enfin, avec *Thot*, *Isis* lui rendit la vie, mais une toute nouvelle forme d'existence, puisque, désormais, *Osiris* régna sur l'au-delà. Son fils, *Horus*, après une lutte féroce et acharnée contre *Seth*, obtint du tribunal des dieux la royauté terrestre.

En partant de ce schéma, les théologiens ont multiplié les légendes secondaires, soit pour introduire une divinité locale dans la cosmogonie, soit pour synthétiser plusieurs cosmogonies. En témoigne la superbe légende de **"L'œil de Rê"** qui explique comment, un jour, il arriva que le soleil, *Rê*, perdit son œil. Il envoya ses enfants à la recherche du fugitif. Le temps passa et, las d'attendre, *Rê* décida de remplacer l'œil absent. C'est alors que l'œil fugitif revint et, se voyant remplacé, il se mit à pleurer. De ses larmes, **remout**, naquirent les hommes, **remet**. *Rê*, en colère, le transforma en cobra et l'accrocha à son front : il devint l'**uraeus**, dressé sur la couronne royale, chargé de foudroyer et d'anéantir les ennemis du dieu. L'origine de cette légende ne peut venir que du jeu de mots entre le nom des larmes et celui des hommes.

La cosmogonie d'**Hermopolis** est plus difficile à cerner. Elle nous est connue par des textes fragmentaires, tardifs et d'origine héliopolitaine, ce qui pose le problème des transformations subies par cette récupération. Ici, le chaos originel n'est pas présenté comme un vide total puisque s'ébattent quatre couples de génies, formant un tout indissociable, coiffés de têtes de grenouilles pour les mâles et de têtes de serpents pour les femelles : *Noun* et *Nounet* (l'Océan primordial), *Hehou* et *Hehet* (l'Infini), *Kekou* et *Keket* (l'Obscurité), *Amon* et *Amaunet* (le Caché). Ces huit dieux s'assemblent pour créer et déposer un œuf sur une butte émergeant de l'eau : le Soleil. À l'aube des temps, le culte de ces dieux cède la place à celui de *Thot*, dieu lunaire et messager divin, qui, après être venu à l'existence de lui-même, offre un œuf, toujours le Soleil, qu'il dépose sur la butte initiale. Les Grecs l'assimilent à leur propre dieu *Hermès* et rebaptisent alors la ville, **Hermopolis**.

Un seul document, assez tardif, évoque la cosmogonie de **Memphis** : c'est une dalle de la XXVe dynastie, provenant du temple de *Ptah* à **Memphis**. Elle combine des éléments d'**Héliopolis** et d'**Hermopolis** mais en donnant au dieu local, *Ptah*, le rôle de créateur. *Ptah*, *"celui qui a formé tous les dieux (...) qui a créé tous les pays par la Pensée et par le Verbe"*, élabore la création par la simple action de son esprit qui projette la chose à créer, et de sa langue qui, en énonçant cette idée provoque l'existence des éléments du monde organisé.

Les dieux protecteurs de la royauté

Figuré sous forme de faucon ou d'homme à tête de faucon, *Horus* regroupe, à lui seul, plusieurs divinités. Fils d'*Isis* et d'*Osiris*, vainqueur de son oncle *Seth*, il reçoit, des mains de *Geb* lui-même, la royauté terrestre. À ce titre, Pharaon, d'essence divine, devient l'incarnation d'*Horus* sur terre et *Horus* le protecteur direct de la royauté égyptienne. Dans la titulature royale, deux des noms rappellent à chacun cette assimilation entre *Horus* et Pharaon : le **nom d'Horus** et le **nom d'Horus d'Or**.

Mais il s'agit aussi d'un dieu céleste entretenant d'étroites relations avec le dieu solaire. Il assimile les personnalités de multiples divinités, également représentées sous forme de faucon : *Horakhty*, "Horus de l'Horizon", dieu solaire adoré vers **Héliopolis** ; *Harmakhis*, "Horus dans l'Horizon", gardien des portes symbolisant les extrémités de l'horizon où apparaît et disparaît le soleil ; *Haroéris*, "Horus le Grand", chargé d'exterminer les ennemis de *Rê* ; *Houroun*, dieu d'origine cananéenne, assimilé au sphinx, donc à *Harmakhis*, donc à *Horus*.

Enfin, il englobe diverses divinités dont le lien remonte à sa parenté avec *Isis* et *Osiris* : *Harpocrate*, "Horus l'Enfant", forme d'*Horus*, fils d'*Isis* resté dans l'enfance, représenté en jeune garçon nu, coiffé de la mèche de l'enfance et portant le doigt à sa bouche ; *Harsomtous*, "Horus qui réunit les deux terres", celui qui, ayant vaincu le dieu *Seth*, réunit la Haute et la Basse-Égypte sous son autorité unique ; *Harsiésis*, "Horus" sous sa forme la plus commune, celle du mythe d'*Osiris* popularisé plus tard par **Plutarque**.

La pesée de l'âme

Au terme de son voyage dans les régions infernales du monde inférieur, le défunt pénètre dans la salle du jugement où siège le Tribunal des dieux, présidé par Osiris qui, dans ce papyrus, est installé sous un dais, le corps enserré dans une gaine momiforme, portant, dans les mains, les sceptres divins. L'étape décisive est la pesée de l'âme où la déesse de la vérité et de la justice, Maât, est mise en balance avec le cœur du défunt tandis que le chacal Anubis contrôle la pesée. En cas de jugement favorable, si le cœur pèse le même poids que Maât, le défunt sera admis dans le royaume d'Osiris pour profiter des délices d'une seconde existence dans les paradis de l'au-delà. Dans le cas contraire, il sera englouti par un être hybride, appelé la "Grande Dévoreuse", que, visiblement, Néferoubenef, le propriétaire du papyrus, a préféré ne pas évoquer ici.

Musée du Louvre.

Pages précédentes
Le coffret à oushebtis de Bakimen

Tout défunt se doit d'emmener dans sa dernière demeure les objets qui lui seront nécessaires dans l'au-delà pour que, sans soucis, s'écoule sa seconde existence. Les oushebtis répondent à cette exigence puisque ce sont des statuettes censées exécuter, à la place du défunt, les corvées quotidiennes comme les travaux pénibles. Placé auprès du sarcophage dans la tombe, ce type de coffret était donc destiné à recevoir ces figurines. Les deux faces montrent Bakimen, le défunt, en adoration devant les deux principales divinités funéraires : Isis et Osiris. Sur la première face, leur représentation est traditionnelle : Osiris, les chairs peintes en vert, est coiffé de la couronne atef à deux plumes et porte le sceptre heqa et le flagellum ; derrière lui, figure Isis portant sur la tête son emblème, le haut siège à dossier. En revanche, la deuxième face propose une iconographie moins courante : il s'agit toujours d'Isis et d'Osiris mais sous les traits de la déesse Hathor et du dieu faucon Horus.
Musée du Louvre.

Hatchepsout et la déesse Hathor

C'est la déesse nourricière par excellence, celle qui est chargée d'allaiter l'enfant royal en cas de théogamie, mariage qui unit le dieu de l'Empire à la Grande Épouse Royale. Dans le temple de la reine Hatchepsout, Hathor possède un sanctuaire réservé à cette fonction essentielle de la divinité. Elle est alors représentée en vache enserrant, dans ses cornes, le disque solaire ; à ses pieds, la petite Hatchepsout tête son pis pour se nourrir du lait divin et sacré.
Temple de la reine Hatchepsout à Deir el-Bahari, Thèbes-Ouest, Haute-Égypte.

Originaire de **Thèbes**, le dieu *Amon* n'est, à l'origine, qu'une divinité obscure participant, avec *Amaunet*, à la cosmogonie hermopolitaine. Très rapidement, il sort de l'ombre, gagne en renommée, puissance et influence. Au début du Nouvel Empire, il devient un dieu national et dynastique, un dieu universel et créateur. Les XVIIIe et XIXe dynasties renforcent son pouvoir et surtout celui de son clergé, lequel s'enrichit au point de former un État dans l'État. Jusqu'à la fin de l'époque gréco-romaine, on lui construit des temples à travers tout le pays, en particulier à **Karnak** et **Louqsor**, sanctuaires constamment agrandis et embellis pendant plus d'un millénaire.

Sa personnalité d'origine reste difficile à déterminer puisque, sa popularité s'accroissant, il ne cesse d'emprunter aux autres divinités leurs caractéristiques. Son nom signifie "le Caché" : il devait être, alors, un dieu de l'air et de l'espace invisible. Sous la forme d'*Amon-Rê*, il adopte les qualités du dieu solaire d'**Héliopolis**. Sous celle d'*Amon-Min*, il devient un dieu fécond et créateur. Représenté sous forme humaine coiffé de la couronne à deux hautes plumes, il a pour animaux symboliques le bélier et l'oie. Il forme avec sa parèdre, *Mout*, et le dieu enfant, *Khonsou*, une triade divine.

Également originaire de **Thèbes**, *Mout* ne tire sa renommée que de son union avec *Amon*. Le plus souvent, elle est figurée en femme coiffée d'une dépouille de vautour. Plus tard, lorsqu'*Amon* adopte un caractère solaire, elle devient l'œil de *Rê* et prend, à ce titre, un aspect de déesse lionne et guerrière, mais sympathique et amicale. Quant à *Khonsou*, le petit dernier de la triade, il est "L'Errant", dieu lunaire représenté en homme à tête de faucon, bien souvent coiffé d'un disque solaire surmonté d'un croissant de lune.

Aton représente le disque solaire par excellence. Dès la Ve dynastie, alors que le culte du dieu *Rê* commence à prendre de l'ampleur, on emploie déjà le nom d'*Aton* dans les **"Textes des Pyramides"** pour désigner le globe solaire. Mais il faut attendre la XVIIIe dynastie, notamment le règne d'*Amenophis III*, pour que son culte fasse une timide apparition. C'est *Amenophis IV*, plus connu sous le nom d'*Akhénaton*, "Celui qui est agréable à Aton", qui l'élève, pour un temps, au rang de divinité dynastique, évinçant ainsi la puissance d'*Amon*, et, surtout, celle de son clergé. Il est représenté sous la forme d'un disque solaire dont les rayons, terminés par des mains, portent une croix de vie, la croix **ankh**.

Les divinités funéraires

Héritier par son père de la royauté terrestre, puis assassiné par son frère, mais ressuscité par sa sœur, *Osiris* devient donc maître du monde souterrain. En tant que dieu des morts, il préside le tribunal qui statue sur le sort du défunt. Exclusivement réservé au pharaon au départ, le culte d'*Osiris* doit attendre le Moyen Empire pour que sa démocratisation permette à chacun de s'identifier à lui dans l'au-delà. Dans les sépultures, il apparaît en homme aux chairs vertes, emmailloté dans une gaine momiforme, coiffé de la couronne **atef** à deux grandes plumes et muni des sceptres royaux, la crosse **heqa** et le **flagellum**, croisés sur la poitrine. Son principal lieu de culte où, dit-on, *Isis* aurait retrouvé la tête d'*Osiris*, se trouve à **Abydos** en Haute-Égypte ; les fidèles se devaient d'y effectuer un pèlerinage au moins une fois dans leur vie.

En tant que dieu ressuscité, il œuvre pour le renouveau annuel de la végétation. Au moment des semailles, on réalisait des "*Osiris* végétants", statuettes emplies de limon et ensemencées : l'abondance des pousses devait déterminer, pour l'année à venir, la qualité des récoltes.

Sœur et épouse d'*Osiris*, *Isis* reste la plus populaire de toutes les déesses égyptiennes. Elle tire son immense renommée de son attitude irréprochable dans la légende osirienne, où elle apparaît comme une fidèle épouse et une mère dévouée ; elle devient alors la protectrice de la femme et de l'enfant. De même, son rôle funéraire est primordial puisque, directement impliquée dans la résurrection d'*Osiris*, elle bénéficie, à ce titre, d'un prestige de grande magicienne. Représentée sous forme de femme coiffée d'un siège, signe hiéroglyphique servant à écrire son nom, *Isis* ne cesse d'assimiler les personnalités de nombreuses autres déesses, empruntant alors leur iconographie propre. Au sein de l'Empire, elle jouit d'une longévité extraordinaire : son temple de **Philae** ferme définitivement ses portes en 551 après J.-C., sous *Justinien*. Ainsi disparaissent les derniers adeptes du paganisme.

Nephtys, quant à elle, n'a de place privilégiée dans le panthéon que grâce à sa parenté directe avec *Isis* et *Osiris*. Ayant aidé sa sœur à retrouver les morceaux du corps d'*Osiris*, elle joue un rôle protecteur et veille, avec sa sœur *Isis*, sur le corps du défunt. Sur les sarcophages et sur les reliefs, elle figure en femme portant sur la tête les signes hiéroglyphiques servant à transcrire son nom.

Né, dit-on, des amours illégitimes entre *Osiris* et *Nephtys*, le chacal *Anubis* est le protecteur incontesté des nécropoles et, surtout, le dieu chargé des cérémonies de l'embaumement. On lui attribue l'invention de la momification. De plus, c'est lui qui accompagne le défunt dans l'au-delà et le conduit auprès d'*Osiris* pour que, devant le tribunal des dieux, soit jugée son âme. Quant à *Thot*, il n'est, au départ, qu'un dieu lunaire dont les fonctions ne cessent de se multiplier avec le temps : c'est le calculateur par excellence, celui qui a inventé le calendrier, les mathématiques et l'écriture. Par extension, il devient dieu de la sagesse et de la connaissance, patron des scribes, des magiciens et des médecins. C'est le messager des dieux, le scribe divin, celui qui note la décision ultime du tribunal funéraire ainsi que le nom du nouveau pharaon sur les feuilles de l'arbre sacré d'**Héliopolis**. Il possède bien des représentations : ibis, homme à tête d'ibis ou babouin. Certaines statues montrent un scribe, penché sur son travail, un babouin assis à ses côtés ; il s'agit du dieu *Thot* en tant que patron des scribes.

Dans le monde souterrain, *Neith* et *Selkis* veillent, avec *Isis* et *Nephtys*, sur les vases canopes, dans lesquels étaient placés les viscères, et, par extension, sur le corps du défunt. Mais *Neith*, femme portant sur la tête un bouclier avec des flèches, est aussi l'ancienne déesse de **Saïs**, dans le Delta, et, surtout, le démiurge de la ville d'**Esna** : ici, on dit qu'elle est venue à l'existence par elle-même et a généré le soleil, tout comme les dieux primordiaux. Elle apparaît, alors, sous forme de vache portant, entre ses deux cornes, le dieu *Rê* qu'elle fait émerger du *Noun*. Quant à *Selkis*, la déesse à tête de scorpion, elle joue un rôle de guérisseuse contre les morsures diverses.

Au départ, *Ptah*, originaire de **Memphis**, partage avec *Sokaris* la fonction de patron des orfèvres, artisans et sculpteurs. Par la suite, *Ptah*, devenu le dieu créateur de la cosmogonie memphite, finit par occuper une place primordiale dans le panthéon égyptien : il assimile *Sokaris*, dieu funéraire de **Memphis** et protecteur de la nécropole, sous le nom de *Ptah-Sokar-Osiris*, et forme une triade avec, comme épouse, *Sekhmet*, et, comme dieu enfant, *Néfertoum*. Il est représenté en homme gainé d'où sortent deux mains portant le long sceptre **ouas** ; derrière lui, figure, bien souvent, le pilier **djed**, symbole de la durée et de la stabilité. En guise de cheveux et de coiffure, il porte une calotte bleue.

Apopis, le serpent géant et maléfique, incarne les forces et puissances négatives qui ne cessent de mettre en péril l'équilibre de l'univers. Chaque jour, il attaque la barque solaire du divin *Rê*, en différents points de son parcours. Régulièrement vaincu par *Seth*, aidé, dans cette tâche, par des divinités annexes, *Apopis* disparaît alors, pour recommencer dès le lendemain. Il symbolise ainsi la menace permanente du retour au chaos.

Les divinités annexes

Surnommée "La Puissante" ou "La Furieuse", adorée et crainte à travers toute l'Égypte, la déesse lionne *Sekhmet* se déchaîne pendant les cinq derniers jours de l'année, dits jours épagomènes, pendant lesquels, craignant un non retour du cycle annuel, l'Égypte entière lui récite louanges et litanies, accompagnées de multiples cadeaux et offrandes, pour l'apaiser. Parèdre de *Ptah* à **Memphis**, sa vocation reste bien différente à **Thèbes**, où elle s'assimile à *Mout* en tant que déesse guérisseuse.

Ainsi, à **Karnak**, quantité de statues léontocéphales de *Sekhmet*, avaient été déposées dans le temple de *Mout* par *Amenophis III* atteint, dit-on, d'un mal incurable.

Quant au dieu enfant de la triade, *Néfertoum*, il va paré d'une fleur de lotus sur la tête, et participe activement à la cosmogonie memphite puisqu'il est considéré comme le lotus primordial d'où a émergé *Rê*, le soleil.

Adoré à **Coptos** et à **Akhmîm** comme protecteur des caravanes du désert oriental, *Min*, hypostase d'*Amon*, doit plutôt sa popularité à son rôle de dieu de la fertilité. Il possède une iconographie particulière, en relation avec sa fonction : il est enserré dans une gaine momiforme, le sexe dressé - d'où le terme d'ithyphallique utilisé pour le qualifier -, le bras droit levé en équerre, en arrière de la tête, et portant un fouet. Il porte une coiffe haute, identique à celle d'*Amon*. Les fêtes qui lui étaient consacrées annonçaient les moissons, au début de la saison de **Chemou** : on lui offrait alors des laitues dont la sève était supposée avoir des propriétés aphrodisiaques.

Khnoum est une divinité à tête de bélier, régnant en plusieurs endroits et ayant des fonctions différentes selon son lieu de résidence. À **Éléphantine**, il est associé en triade à une parèdre, *Satis*, et une déesse enfant, *Anoukis*. Les Égyptiens pensaient que la crue venait d'une grotte souterraine, proche de la première cataracte, où régnaient *Khnoum*, *Satis* et *Anoukis*. Chaque année, au moment de l'inondation, ils libéraient, à partir des réserves constituées par *Hâpy*, les quantités nécessaires de limon pour fertiliser les terres cultivables. À **Esna**, où il est associé à *Neith*, comme à **Antinoë**, où la déesse grenouille *Héqet* lui sert d'épouse, *Khnoum*, le dieu créateur, modèle dieux et hommes sur son tour de potier.

Le dieu *Hâpy* personnifie le Nil, l'inondation et la crue. Symbolisant l'abondance, il est représenté comme une figure androgyne, tantôt mâle, tantôt femelle, obèse et dotée de mamelles pendantes. Il jouit d'une grande popularité au cours de toute l'histoire égyptienne et reçoit des offrandes incessantes pour le prier de donner au pays une crue satisfaisante. L'inondation, au début de la nouvelle année égyptienne, est également appelée "l'Arrivée d'*Hâpy*" et donne lieu à des réjouissances en son honneur. Sur les soubassements des temples, il figure dans les processions avec les personnifications des campagnes, présentant au maître de céans les produits du pays.

"La Puissante"

Aucune divinité égyptienne ne possède autant de facettes différentes que Sekhmet, la déesse lionne. Surnommée "La Puissante", elle passe pour être une manifestation de l'œil de Rê qui persécute et anéantit les ennemis du soleil. À la fois crainte et respectée à travers toute l'Égypte, elle incarne la force destructrice sous toutes ses formes : elle est responsable des maladies incurables, des guerres, des épidémies... Mais elle sait apporter une solution à tous ces maux puisqu'elle revêt également l'aspect des déesses guérisseuses, telles que Mout par exemple, et protège les corporations de vétérinaires et de médecins. Alors, son sanctuaire principal se trouvait à Memphis : ici, elle avait été associée en triade aux dieux Ptah et Néfertoum. Cependant, sa renommée devait dépasser les seules frontières de cette ville puisqu'elle apparaît dans la plupart des sanctuaires de la Vallée du Nil, y compris dans les monuments plus tardifs de l'époque gréco-romaine.

Haute-Égypte.

Nekhbet et *Ouadjet* interviennent comme déesses tutélaires du double pays. *Nekhbet*, déesse vautour d'**El-Kab**, protectrice de Haute-Égypte, est une femme à tête de vautour ou, plus simplement, un vautour étalant ses ailes protectrices sur le souverain. *Ouadjet*, déesse cobra de **Bouto**, protectrice de Basse-Égypte, est le cobra qui a pour rôle d'anéantir les ennemis de Pharaon.

À l'origine, *Hathor* est une déesse céleste fréquemment représentée sous forme de vache. Son nom signifie "la demeure d'*Horus*" : elle symbolise l'espace céleste dans lequel l'*Horus* solaire se déplace. Les théologiens en font rapidement une fille de *Rê* et c'est à ce titre qu'en cas de théogamie, elle est chargée d'allaiter l'enfant royal. Avec le temps, ses fonctions se multiplient : elle devient déesse de la douceur et de la joie, protectrice de la nécropole de **Thèbes** ou déesse du sycomore à **Memphis**. Dès le Nouvel Empire, elle s'identifie à *Isis* et est alors figurée sous forme de femme portant sur la tête une coiffure composée de deux cornes stylisées enserrant le disque solaire. Traditionnellement, on lui attribue *Horus* comme époux mais, dans les croyances populaires, elle doit plutôt sa renommée à son rôle de protectrice des femmes en couches et des nouveau-nés.

Bès, ce gnome barbu aux jambes torses, aux traits grossiers et réjouis, reste une des divinités les plus populaires par sa fonction. En effet, on dit qu'il veille sur le foyer et que, par ses grimaces affreuses et ses danses grotesques, il fait fuir les mauvais esprits. Aucun sanctuaire particulier ne semble lui être spécialement réservé, mais il jouit d'une grande faveur auprès du petit peuple et ce, bien après l'installation de la religion chrétienne. Il en est de même pour *Thouéris*, appelée "La Grande" et considérée comme la protectrice de la femme et de l'enfant. Elle se caractérise par une anatomie assez étonnante : corps et tête d'hippopotame, dos de crocodile et pattes de lion.

Bastet incarne les aspects pacifiques des déesses dangereuses, telles *Sekhmet* ou *Tefnout*. C'est une déesse de la joie, au caractère amical, représentée en femme à tête de chatte portant dans ses mains un sistre ou, plus fréquemment, sous forme de chatte. Eu égard aux multiples nécropoles de chattes sacrées et momifiées retrouvées en Égypte, son culte a dû être très populaire. On dit également qu'elle est l'œil d'*Atoum*, agissant comme déesse lunaire, veillant sur la gestation et les naissances.

Considérée comme fille de *Rê*, *Maât* personnifie la vérité, la justice, l'ordre universel et l'équilibre cosmique voulus lors de la création. C'est grâce à elle que le monde organisé se maintient dans son intégrité. Les dieux s'en nourrissent et l'offrande à *Maât* demeure l'un des actes fondamentaux du culte divin journalier. Chacun doit respecter ce qu'elle incarne afin de permettre le retour régulier des phénomènes naturels qui garantissent la vie. Lors de la pesée du cœur, elle est placée sur l'un des deux plateaux de la balance pour définir le poids des fautes du défunt. Elle est figurée soit en femme portant sur la tête une plume d'autruche, soit, plus simplement, en plume d'autruche, hiéroglyphe servant à écrire son nom.

À lui seul, *Seth* représente toute l'ambiguïté du divin. Protecteur de la barque solaire contre le serpent *Apopis*, il est également le dieu maléfique qui a tué son frère, *Osiris*, et qui, de façon plus générale, est fauteur de troubles et de désordre. La dynastie ramesside, originaire de la ville de *Seth*, lui donne une importance particulière, à tel point que certains pharaons, les *Séthi* par exemple, n'hésitent pas à l'intégrer dans leur nom. Mais, à partir de la Basse Époque, il symbolise l'Étranger et, plus largement, l'Envahisseur : il va alors être détesté, haï ; son nom et ses représentations vont être martelés.

Dieu faucon originaire de **Thèbes**, *Montou* incarne la force guerrière irrésistible et devient très prisé, surtout à partir du Moyen Empire, lorsque l'Égypte commence à envisager de grandes conquêtes territoriales. Les pharaons de la XIIe dynastie lui dressent plusieurs sanctuaires, le plus célèbre étant celui de **Tôd**, dans lequel on a retrouvé, en 1936, un trésor asiatique au nom d'*Amenemhat II* contenant du lapis-lazuli brut, des objets en argent et or, des lingots de plomb argentifère et d'or, des amulettes, des cylindres, des chaînes, des coupes…

Bien que le pays ait connu de nombreux cultes de taureaux sacrés, c'est celui d'*Apis* qui reste le plus populaire. À **Memphis**, il est vénéré comme incarnation du dieu *Ptah*, mais il est également associé à *Osiris* et c'est à ce titre qu'il s'assimile aux divinités funéraires. Le taureau sacré, choisi suivant certaines taches de son pelage, bénéficie, à sa mort, de funérailles grandioses. À partir du Nouvel Empire, les taureaux momifiés, placés dans de grands sarcophages en basalte, sont regroupés dans une nécropole particulière : le **Sérapeum de Memphis**.

Nout, la voûte céleste

La déesse Nout appartient à la Grande Ennéade d'Héliopolis. Cette cosmogonie, élaborée par les Grands Prêtres de Rê, met en scène neuf dieux primordiaux pour expliquer la création du monde. Nout symbolise la voûte céleste et forme un couple divin avec son pendant, Geb, la terre. Ni l'un, ni l'autre ne possèdent de lieu de culte spécifique mais ils apparaissent volontiers dans les représentations funéraires retraçant les périples de Rê, le dieu solaire, ou sur les papyrus cosmogoniques. On disait alors que, chaque soir, Nout avalait le soleil pour le remettre au monde au petit matin. C'est pourquoi, elle est figurée en femme dont le corps étonnamment allongé, sur lequel naviguent les astres et les constellations, s'étend d'est en ouest.

Vallée des Rois,
Thèbes-Ouest, Haute-Égypte.

Rites et croyances

L'Égypte a toujours été dominée par une conscience très aiguë de la mort et une préoccupation perpétuelle de la vie dans l'au-delà. Aucun peuple ne peut se vanter d'avoir consacré à la mort et, surtout, à la survie autant d'efforts que les Égyptiens. Ceci ne signifie pas, bien au contraire, qu'ils pouvaient lui trouver un attrait quelconque car, pensaient-ils, *"la mort, c'est un événement pénible, une source de larmes et de chagrins"*. D'ailleurs, leur vœu le plus cher était d'atteindre l'âge de cent dix ans, après une longue vieillesse. Même si les Égyptiens pensaient que seuls les dieux dispensaient la vie et la mort, aucune divinité particulière ne symbolisait cette mort ; on s'adressait à elle comme à une personne injuste. Mais, si la mort était redoutée et rarement appréciée, les Égyptiens la savaient inéluctable. Certes, ils aimaient la vie terrestre mais la savaient éphémère ; au contraire, la vie après la mort était éternelle. Il fallait donc s'y préparer et le mieux possible. Rien ne devait être négligé pour s'assurer de belles funérailles et il était naturel de passer sa vie à préparer tous les aménagements nécessaires au bon déroulement du passage de l'âme dans l'au-delà et à la construction de sa demeure d'éternité.

Dans la pensée égyptienne, tout être humain est composé de divers éléments, certains spirituels, d'autres matériels. Les principes spirituels comprennent : **sekhem** et **sakh**, l'énergie et le corps spirituels ; **akh**, la puissance invisible ; mais, surtout, **ba**, l'âme, et le **ka**.

Le **ba** représente la partie spirituelle de l'individu qui quitte le corps lorsque survient la mort et retrouve son individualité pour errer à son gré. Représenté sous forme d'oiseau, le **ba** peut rester près du corps, dans la chambre funéraire ou, même, se promener tranquillement au grand air pour retrouver les lieux de promenade privilégiés du défunt, qu'il "représente" en quelque sorte. Le **ka** reste plus difficile à définir car rien, dans nos conceptions et notre langue, ne correspond à cette notion. Il s'agit d'une manifestation des énergies vitales, tant conservatrices que créatrices, survivant à la mort physique.

Quant aux éléments matériels, ils regroupent le corps, **khet**, le cœur, **ib**, et le nom, **ren**, qui existe comme seconde création de l'individu. Les Égyptiens ont une croyance profonde en la vertu du nom : nommer une personne revient à la faire exister par-delà la disparition physique du corps, d'où les multiples écritures du nom du défunt dans sa tombe ou dans son temple funéraire.

La momification

Dans la pensée égyptienne, la mort n'est pas une fin mais un passage vers une autre forme d'existence. Ce passage est très dangereux car, lorsque survient la mort, les différents éléments de la personnalité humaine se dispersent tout en conservant, individuellement, leur intégrité. Si l'on parvient à les réunir, cette seconde vie sera possible. Pour cela, il faut conserver l'élément le plus fragile : le corps. Le laisser se dégrader, c'est perdre tout espoir de survie. C'est l'embaumement qui va permettre cette conservation du corps. Ces opérations, pratiquées par de grands spécialistes, sont connues par les récits d'**Hérodote**. *"D'abord, avec un crochet de fer, ils extraient le cerveau par les narines ; mais ils n'en retirent ainsi qu'une partie ; ils dissolvent le reste avec certaines drogues. Ensuite, au moyen d'une pierre coupante, ils pratiquent une incision le long du flanc et vident le corps de ses viscères ; dans l'intérieur ainsi nettoyé, ils font passer du vin de palmier et pulvérisent des substances aromatiques ; puis ils emplissent le ventre de pure myrrhe broyée, de casse et des autres aromates connus, à l'exception de l'encens ; enfin ils le recousent."*

Il ne reste plus que la peau, les os et les cartilages qu'il faut déshydrater pour éviter le pourrissement.

"Ils imprègnent le cadavre de sel en le plongeant dans du natron pendant soixante-dix jours. Quand sont passés les soixante-dix jours, ils lavent la momie, puis l'enveloppent entièrement de bandes d'une gaze très fine, enduite de cette gomme que les Égyptiens emploient en général au lieu de colle."

Les bandelettes atteignent, parfois, plusieurs centaines de mètres ; chaque membre est emmailloté, puis le corps lui-même. Lors de l'application des tissus, l'officiant insère des amulettes protectrices aux endroits prescrits : œil **oudjat**, pilier **djed**, **nœud d'Isis**, doigtiers d'or… Le cœur, momifié, est remis en place. Les viscères sont placés dans les quatre vases canopes, prévus à cet effet, et mis sous la protection des **quatre fils d'Horus**.

Croyances et cultes funéraires

Dans un pays où les croyances religieuses varient d'une ville à l'autre, il ne peut qu'en être de même pour les doctrines concernant la vie dans l'au-delà. Au fil des siècles, ces croyances ont évolué puis se sont enrichies et transformées pour aboutir à un résultat hybride tenant de chacune d'entre elles sans en posséder tous les éléments.

Au départ, l'idée dominante consiste à penser que le défunt, enterré dans le sable, va retrouver la vie dans l'au-delà. Il semble naturel que le défunt se nourrisse : d'où l'importance des dépôts d'offrandes alimentaires. Quel que soit la sépulture ou l'époque, le problème de l'alimentation semble si prédominant qu'il peut apparaître comme une peur maladive de "manquer". Au cours des siècles, l'iconographie civile évolue : certains thèmes cèdent la place à d'autres, plus réalistes. Une seule idée persiste, immuable et permanente : le banquet funéraire, bien souvent, très copieux. La scène présente le défunt assis devant une table chargée à l'excès de victuailles : tout semble prévu pour que cette seconde vie s'écoule dans l'abondance.

Les génies du Nil

Cette divinité androgyne, dotée de mamelles pendantes, s'appelle Hâpy : elle personnifie la crue et l'inondation, la fécondité et l'abondance, donc, par extension, le Nil. La plupart des temples égyptiens sont ornés de frises qui présentent des dieux Nil à genoux portant, à bout de bras, des plateaux sur lesquels s'amoncellent toutes sortes de produits issus de la terre fertile. Outre le temple funéraire de Séthi Ier, le site d'Abydos comprend un petit sanctuaire, assez méconnu, construit sous le règne de Ramsès II. Il est malheureusement très détruit et seuls les soubassements ont résisté aux pilleurs : y figurent, en liste, les domaines royaux et les provinces d'Égypte, tous deux personnifiés par des dieux Nil.

Temple de Ramsès II, Abydos, Haute-Égypte.

Cette croyance primitive, mais persistante, vient s'enrichir, dès la fin de l'Ancien Empire, de deux apports nouveaux : celui d'*Osiris* et celui du dieu solaire, *Rê*. *Osiris* règne en maître dans le monde souterrain et, au terme de son voyage, le défunt acquiert un lopin de terre dans son royaume pour pouvoir retrouver ses activités d'ici-bas. Dans les "Champs d'Ialou", le défunt laboure, sème, récolte : rassurant mais épuisant. On confie donc ce labeur aux statuettes de remplacement, les **oushebtis**, censées effectuer besognes et travaux à la place du mort. Quant aux croyances solaires, réservées au seul personnage royal à l'Ancien Empire, puis étendues à ses sujets par la suite, elles consistent à conduire le défunt dans le domaine solaire pour y naviguer aux côtés de *Rê*.

On sent ici l'incohérence de cette survie : le défunt est, à la fois, au ciel dans la barque solaire, sous terre dans les "Champs d'Ialou", dans sa tombe à jouir des provisions et peut même revenir sur terre pour revoir les lieux qu'il a appréciés. Il a fallu trouver une solution, plus adaptée et moins astreignante. Le jour, le défunt sera dans sa tombe, profitant des offrandes et faisant, parfois, une petite promenade sur terre ; la nuit, il accompagnera le dieu solaire dans sa course nocturne, s'arrêtant, au passage, dans les "Champs d'Ialou". À l'aube, il reviendra pour profiter du calme et de la fraîcheur de son tombeau.

Le culte funéraire doit veiller au dépôt et au renouvellement des offrandes alimentaires faites au défunt. De toute évidence, s'il peut être assuré par les descendants directs du mort, il devient beaucoup plus problématique au fil des générations, de par la prolifération des cultes ; d'où la création des fondations funéraires. Le système consiste à affecter à l'entretien de la tombe un domaine dont les revenus doivent permettre d'assurer les besoins en alimentation du défunt et le salaire du prêtre funéraire. Au départ, cet usage a été créé pour le roi qui nourrissait ses sujets, mais un tel fonctionnement ne peut perdurer qu'avec une royauté très riche et un nombre limité de bénéficiaires. Rapidement, chacun va essayer de s'assurer son propre culte funéraire. Les personnes aisées conservent le système de la fondation terrienne, affectant un prêtre à leur culte. Mais le morcellement de ces propriétés par héritage conduit à l'abandon progressif du service de l'offrande. On assiste bientôt à l'instauration d'un système plus efficace : un contrat, signé entre le propriétaire du tombeau et un prêtre, stipule que la fondation devra rester indivise et être transmise à un seul des fils du prêtre. Pour plus de sécurité, le défunt essaye également de profiter des offrandes funéraires destinées aux dieux. Sur faveur royale, il place une de ses statues à l'intérieur d'un temple de culte ; il pourra alors, lorsque le dieu sera rassasié, bénéficier des bienfaits de son repas.

Malgré toutes ces précautions, l'Égyptien ne semble pas avoir été très optimiste quant à ses chances de voir son culte funéraire se perpétuer : il lui suffit de constater, de son vivant, l'abandon et le pillage fréquents des vieux tombeaux. Aussi, le recours à la magie semble-t-il nécessaire pour assurer sa survie. Dans cette optique, il suffit de représenter un objet, puis de le nommer pour le faire exister. Pour sa représentation, rien de plus simple : les tombes regorgent d'images de nourriture. Mais encore faut-il que quelqu'un vienne réciter les formules qui feront exister tous ces aliments…

Pages suivantes
Le "Livre des Morts"
Cette illustration est extraite du "Livre des Morts" de Khonsoumès qui, à la Basse Époque, était contrôleur des finances du temple d'Amon à Karnak. Ce livre funéraire, rédigé sur papyrus, regroupe, dans son intégralité, cent quatre-vingt-dix chapitres destinés à assurer la survie du défunt dans l'au-delà. Vêtu d'une ample robe de lin, la tête surmontée d'un cône de parfum, le défunt effectue une libation d'eau et offre de l'encens à quatre divinités qui lui font face : Horakhty, dieu solaire à tête de faucon qui n'est autre qu'une des multiples facettes d'Horus ; Osiris, coiffé de la couronne à deux hautes plumes et muni des sceptres divins croisés sur sa poitrine ; les déesses Isis et Nephtys, toutes deux coiffées du signe hiéroglyphique servant à écrire leur nom.

Musée du Louvre.

LA SOCIÉTÉ, HOMMES ET SCIENCES

Les différentes classes sociales

La société égyptienne, de structure très complexe, repose sur des conceptions dictées par le caractère divin du régime monarchique. Pharaon, choisi par les dieux ou fils légitime des dieux, n'est autre que le représentant des dieux sur terre. Donc, par essence, il jouit d'un pouvoir absolu que personne ne saurait contester : il est, à la fois, chef de l'État, chef religieux et chef de guerre. Mais il ne peut, effectivement, assumer toutes ces charges au quotidien. Ainsi, il s'appuie sur différentes institutions qui, tout en étant parfaitement autonomes, restent sous le contrôle constant de l'autorité royale.

L'administration, le clergé et l'armée constituent les trois principaux centres de pouvoir. À leur tête, Pharaon nomme un dirigeant qui a pour charge de gérer, au mieux des intérêts royaux, les différents secteurs de son institution. Hommes actifs et travailleurs consciencieux pour la plupart, ils bénéficient de multiples avantages : rentes foncières, gros salaires, cadeaux et dons royaux…

Suivent alors, au sein de la hiérarchie égyptienne, différents corps de métier, assez privilégiés de par leurs gratifications régulières. Il s'agit des scribes, des prêtres et des artisans. Certes, il dépendent totalement de l'institution pour laquelle ils travaillent, mais jouissent, par rapport au fonctionnaire subalterne, d'une considération particulière et de salaires plus avantageux.

Enfin, au bas de l'échelle sociale, se trouvent les paysans, cultivateurs ou éleveurs, travaillant à la solde d'une administration étatique ou d'un particulier quelconque. Totalement déshérités et corvéables à merci, ce sont les laissés-pour-compte de la société égyptienne.

Cette société, fortement hiérarchisée et sévèrement réglementée, se caractérise par une continuité des plus étonnantes au fil de l'histoire égyptienne : en trois mille ans d'existence, aucun changement notoire n'est venu bouleverser ce schéma primitif.

Vizirs et nomarques

Il semble ne pas y avoir d'équivalent en français pour traduire avec précision le mot égyptien **tjaty**. Appelons "**vizir**" ce magistrat qui est en fait le chef incontesté du pouvoir exécutif et de toute la machine administrative. En tant que garant de l'ordre moral, il a pour emblème une petite figurine de la déesse *Maât* qu'il porte sur la poitrine. Sous l'Ancien Empire, Pharaon nomme un seul vizir mais avec le Nouvel Empire, devant l'ampleur du territoire, trois vizirs se partagent désormais la gestion du pays : le vizir de Basse-Égypte, le vizir de Haute-Égypte et le vizir de la "Tête du Sud", de la **Nubie**. C'est le personnage le plus important après Pharaon, choisi parmi les meilleurs scribes de tout le pays : il est *"la volonté du maître, les oreilles et les yeux du souverain"*. La charge est difficile et, lors de la cérémonie d'investiture, le roi ne manque jamais de mettre en garde son futur vizir.

"Considère le bureau de vizir. Veille sur tout ce qui doit s'y faire, car c'est là qu'est maintenue l'existence du pays tout entier. Assume la charge de vizir ; veille à tout ce qui est fait en son nom car elle constitue le soutien de tout le pays. Le vizirat n'est pas doux ; il est aussi amer que la bile."

En effet, ses compétences s'appliquent à tous les domaines : justice, agriculture, irrigation, armée, police, ordre public, attribution des terres, contrôle des ambitions personnelles, impôts, finances, taxations, inspection des magasins royaux, réception d'ambassadeurs étrangers, nomination des fonctionnaires, présence au conseil de guerre… Bien souvent, les journées commencent tôt, par une entrevue confidentielle avec le souverain pour le tenir informé de l'état des affaires du pays, et finissent tard après de multiples audiences, conférences, examens de rapports et de dossiers, tournées…

Karomama
Les Divines Adoratrices d'Amon étaient des femmes très influentes car elles passaient pour être les épouses terrestres du dieu. Elles intervenaient, à ce titre, comme conseillères auprès du roi, jouissaient de multiples prérogatives et possédaient des domaines immenses. Karomama était sans doute une petite-fille d'Osorkon Ier et régnait en souveraine incontestée, à Thèbes, à la XXIIe dynastie. Ici, drapée dans une robe à motifs d'ailes d'oiseau, elle s'avance majestueusement, les bras tendus. Elle devait porter des sistres, aujourd'hui disparus, sortes de hochets dont le tintement apaisait les dieux. Cette œuvre en bronze incrusté de métaux précieux est d'une finesse d'exécution extraordinaire et reflète un certain idéal féminin, tant dans la proportion harmonieuse du corps, que dans la douceur du visage.
Musée du Louvre.

Mais le prestige est proportionnel au travail fourni. Des personnages comme **Ptahhotep**, **Ti** ou **Mererouka** à l'Ancien Empire, **Rekhmirê**, **Ramose** ou **Khérouef** au Nouvel Empire sont autant d'exemples qui prouvent, par la richesse des sépultures et l'importance des titulatures, combien leur rôle reste décisif au sein de l'administration égyptienne.

Légèrement en marge des services administratifs traditionnels, la **justice** offre une structure assez particulière. En théorie, c'est Pharaon qui a pour charge de régler les querelles de ses sujets selon le droit et de faire respecter l'ordre établi par *Maât*, la déesse de la justice et de la vérité. En pratique, il délègue son pouvoir judiciaire au vizir qui contrôle, dans le pays tout entier, le bon fonctionnement de la procédure. Celle-ci, bien que lourde et fastidieuse, reste précise et rationnelle, en matière civile : les délais de contestation d'une décision varient de deux jours à deux mois selon que le plaignant habite la ville ou la province. Par contre, en matière criminelle, les pratiques sont beaucoup plus expéditives : l'interrogatoire à coups de trique est un droit acquis.

Magistrats et tribunaux sont nombreux et omniprésents. Du "Préposé aux querelles du bourg" aux grandes Cours de la Résidence royale, justice est faite. Les instances ordinaires se tiennent devant les lieux administratifs. Sinon, les plaintes sont enregistrées par un greffier, puis plaignant et accusé sont convoqués pour résoudre le litige. Cependant, bien souvent, les procès sont interminables, les possibilités d'appel innombrables et les renvois pour enquête ou réflexion fréquents. Pour les crimes touchant de près aux intérêts de l'État, qu'il s'agisse de pillage de tombes, de détournement d'objets sacrés ou cultuels, de tentative d'attentat contre le roi, d'insulte à la personne royale, la grosse machine judiciaire intervient : les tribunaux extraordinaires sont convoqués pour que, sous l'arbitrage de Pharaon, soit prononcée la sentence.

Outre les lois existantes et fréquemment appliquées comme il se doit, peu à peu s'instaurent des règles s'appuyant sur des références à des jugements rendus bien auparavant. Dans les tiroirs des "Archives Royales", le compte-rendu des procès est conservé pendant très longtemps et sert d'exemple aux juristes : c'est la naissance d'une véritable jurisprudence.

Pour les délits mineurs, vols, chapardages, calomnies, petits détournements ou légers abus administratifs, les peines encourues sont la bastonnade, la torsion des pieds ou des mains, la mutilation du corps, les travaux forcés ou la déportation. Pour les délits plus graves, hautement réprimés par la loi, la condamnation à mort est de rigueur mais, heureusement, rarement utilisée : le coupable est jeté aux crocodiles, empalé ou brûlé. Lorsqu'un haut dignitaire ou un personnage de la famille royale est impliqué dans un délit grave, il est invité à se "suicider" car, contrairement aux condamnés à mort privés de tout espoir de survie, ce statut, lui, n'interdit pas l'accès à l'au-delà et au royaume d'*Osiris*. En fait, le coupable est tout simplement emmuré vivant. Mais quelle que soit la gravité du délit, le roi doit confirmer toute sentence de mort et il est le seul à détenir le droit de grâce.

Au niveau régional, ce sont les **nomarques** qui ont en charge l'administration de la province qui leur a été confiée. Dès le début de l'unification du pays, Pharaon divise le territoire en circonscriptions, appelées **nomes**, aménagées en fonction de l'irrigation, de la conquête du sol et du rendement agricole.

Dès l'Ancien Empire, les principautés héréditaires des trente-huit provinces d'Égypte finissent par déstabiliser un régime déjà terriblement miné par la faiblesse de la royauté. Les domaines deviennent la base de féodalités et leurs détenteurs cherchent à s'accaparer les prérogatives attachées, alors, aux propriétés royales : ils prennent leur indépendance et collectent l'impôt pour leur propre compte. Par réaction, les rois thébains du Moyen Empire maintiennent cette division administrative, mais en créant des **nomes** plus nombreux, donc de surface plus réduite, regroupés à des fins économiques dans de vastes ensembles territoriaux bien contrôlés par le pouvoir central. Le vizir abolit l'hérédité des charges et nomme, à la tête de chaque province, des fonctionnaires militaires.

En trois mille ans d'existence, le nombre, l'appellation et les limites de ces provinces ont évolué en fonction de divers facteurs économiques, sociaux et politiques mais, malgré toutes ces variations, le **nome** reste une entité de caractère économique et fiscal. À l'époque tardive, les scribes royaux portent à quarante-deux le nombre de provinces en Égypte, mais il faut se demander si ce chiffre ne doit pas être mis en relation directe avec les quarante-deux dieux qui assistaient *Osiris* en son tribunal funéraire. Chaque **nome** possède son propre panthéon de dieux, ses temples, ses lois et ses tabous. Qui s'installe dans une province donnée s'engage à se plier aux règles en vigueur dans ladite circonscription.

Le scribe accroupi

On l'appelle couramment "le scribe accroupi" car, aujourd'hui, rien ne permet de déterminer avec certitude ni l'identité du personnage, ni son lieu de résidence, ni même son époque d'activité. Cette œuvre en calcaire peint présente un scribe assis en tailleur, son rouleau de papyrus sur les genoux, prêt à enregistrer un discours. De la main droite, il devait tenir un calame ou un pinceau qui a disparu. Son visage, animé par des yeux incrustés de cristal et de quartz et sertis de cuivre, laisse encore transparaître toute l'attention du scribe face à son devoir. Comme tous les représentants de cette profession, il a choisi de se faire immortaliser en homme bien replet puisqu'en Égypte ancienne, la consommation de bonne chère est le symbole de toute personne de haute condition.

Musée du Louvre.

Le clergé et l'armée

De par sa fonction sacrée, le **clergé** constitue une des classes dominantes de la société égyptienne. Mais, ici, les prêtres ne sont ni des guides spirituels, ni des prédicateurs : ce sont les serviteurs du dieu qui habite physiquement et matériellement dans le sanctuaire, à la fois dans sa statue et, bien souvent, sous forme animale. C'est un être vivant, vulnérable et pourvu des mêmes besoins qu'un homme. Le rôle des prêtres consiste à maintenir cette statue et, surtout, son occupant en bonne santé : le vêtir, l'entretenir, le protéger de toute atteinte extérieure susceptible de réduire son efficacité.

Tous les temples égyptiens, quels qu'ils soient, sont des édifices devant assurer, par leur présence et leur fonctionnement, le maintien de l'ordre universel et la permanence de la création, sans lesquels tout retournerait au chaos initial. Cette harmonie du monde, symbolisée par la *Maât*, repose sur le souverain qui, à ce titre, est le seul homme habilité à officier. Les prêtres n'agissent que par délégation royale : au nom de Pharaon, héritier légitime de la royauté divine, ils accomplissent les rites nécessaires au culte journalier des temples. Par contre, sur les parois des sanctuaires, seul figure le roi exécutant, devant ses pairs, les différents actes du rituel.

Les personnages affectés au fonctionnement des temples appartiennent à diverses catégories, toutes très hiérarchisées. Tout d'abord, se trouvent les administrateurs et le personnel auxiliaire. Les premiers sont de simples fonctionnaires, parfois très nombreux dans les temples importants. Ils sont chargés de l'organisation économique des temples : contrôle des rentrées d'impôts, gestion des propriétés foncières du dieu et de son trésor, rapports avec les sanctuaires annexes et le gouvernement central. Les seconds sont des scribes, artisans, policiers, gardes, cultivateurs ou jardiniers, qui s'occupent de l'entretien des temples, ainsi que des chanteurs ou musiciens divers, dont l'art est nécessaire aux cérémonies cultuelles. Les uns comme les autres dépendent des temples mais ne sont pas spécifiquement des religieux.

Ensuite, figure le haut clergé avec, au sommet, les "serviteurs du dieu", appelés **hemou neterou**, ceux que les Grecs ont qualifiés à tort de "prophètes" parce que, parfois, ils avaient à interpréter la volonté des dieux. À la tête d'un temple donné se trouve le Premier Prophète qui, lorsqu'il officie dans le grand temple d'*Amon* à **Karnak**, est l'un des personnages les plus importants de l'Égypte.

Par ailleurs, cette catégorie comprend les "pères divins", les "purs", le **kheryhebet,** personnage qui détient le programme des cérémonies inscrit sur un rouleau, ainsi que les membres d'un collège de grands prêtres, l'**ounouyt**. Quant au bas clergé, il regroupe, sans distinction aucune, tous les prêtres auxiliaires, appelés "purificateurs". Dans les temples secondaires, ils rendent parfois le culte mais, dans les grands sanctuaires, ils ne s'occupent que des travaux matériels. Contrairement au haut clergé, ils ne sont pas membres permanents du clergé. Groupés en quatre classes, ou **phylés**, ils prennent en charge le fonctionnement du temple pendant un mois. Une même équipe ne revient en poste qu'après un trimestre d'interruption, ne travaillant donc que trois mois par an. Le reste de l'année, chacun retourne à ses propres activités.

Enfin œuvrent les "spécialistes" qui, tout en restant intimement liés aux temples, peuvent avoir des activités indépendantes. Ce sont les "scribes de la Maison de Vie", qui rédigent et recopient les inscriptions mythologiques et les textes sacrés utiles au culte, les lisent lors des cérémonies importantes et peuvent même, sur ordre du roi, représenter le clergé d'un temple donné, les "savants", les "prêtres lecteurs", les "horologues", astrologues qui fixent les dates des cérémonies, et les "horoscopes", qui déterminent les jours fastes et néfastes de l'année.

L'obligation la plus stricte du prêtre est la pureté physique du corps puisqu'il professe dans la "maison du dieu". Il est astreint à des ablutions deux fois le jour et deux fois la nuit, explique **Hérodote**. Il doit être entièrement rasé, tondu, épilé et circoncis. Pendant sa période de service, il doit s'abstenir de toute relation sexuelle et se plier aux interdits alimentaires ou religieux du **nome** dans lequel il exerce. Il ne mange ni viande de mouton, ni pigeon, ni pélican, ni viande de porc, ni poisson. Les légumes, en particulier ail, oignons et fèves, l'huile, le vin et le sel le dégoûtent et l'insupportent. Il doit être vêtu d'une simple étoffe de lin pur et de sandales en fibres de palmier. Sa couche se résume à une fine natte tissée qu'il étend dans une cour du sanctuaire. S'il prend femme, il se doit de rester monogame. Voyager l'effraie : dans les pays étrangers, croit-il, résident les puissances hostiles et les forces du chaos. Il va de soi que cette pureté corporelle s'accompagne des connaissances indispensables à l'exercice de cette fonction sacrée. En effet, son savoir est immense. Fin théologien, bon architecte, mathématicien confirmé, astronome accompli, il excelle également dans l'art de la médecine et de la magie.

Thot veillant sur Nebmertouf

Ce groupe statuaire en schiste provient du sanctuaire de Thot à Hermopolis. Il présente Nebmertouf, scribe et chef des prêtres lecteurs sous Amenophis III, aux côtés d'un babouin perché sur un piédestal qui n'est autre que le dieu Thot. Ici, le "Maître des paroles divines" veille, en tant que patron des scribes, sur Nebmertouf qui, penché sur son rouleau de papyrus, l'oreille tendue vers le dieu, s'apprête à reproduire fidèlement la déclaration divine. Les statuettes de ce type, retrouvées en très grand nombre, constituaient des offrandes ou des ex-voto à la divinité dont on sollicitait les faveurs.
Musée du Louvre.

Dès la formation de l'État pharaonique, l'Égypte connaît un système militaire bien organisé et contrôlé par des scribes spécialisés qui s'occupent avec grand soin de l'intendance, du recrutement et des différentes affectations. Mais, bien entendu, l'organisation même de l'**armée** évolue en fonction des nouveaux impératifs de la politique militaire égyptienne.

Sous l'**Ancien Empire**, les pharaons n'effectuent pas de conquêtes territoriales et aucune invasion étrangère ne menace le pays. Si, pour une raison quelconque, soit par désir de constituer du butin, soit pour défendre les frontières ou autres, il est nécessaire de lever rapidement un contingent, les nomarques sont chargés de prélever, dans la population rurale, les meilleurs éléments et ce jusqu'à la fin de l'opération.

L'armée permanente, faible en effectifs et essentiellement constituée de spécialistes, possède une structure des plus rudimentaires. Elle accompagne les expéditions pacifiques ou économiques et surveille les grands travaux. Elle s'organise en trois corps spécifiques. Les "recrues d'élite" assurent la garde du palais et constituent les forces de la police du désert. Les "corps spécialisés" possèdent des rôles multiples : certains sont chargés de *"répandre la crainte du Roi dans les pays étrangers"* et de *"rapporter les choses qui sont la parure du Roi"* ; les autres, recrutés parmi les meilleurs linguistes, doivent se rendre au **Pays de Pount**, en **Nubie** ou à **Byblos** afin d'y collecter des denrées rares ; les derniers accompagnent et protègent les caravanes chargées de rapporter en Égypte les minéraux précieux extraits des carrières. Quant aux "sections de la garde", elles sont affectées, en ville, à la surveillance des grands chantiers royaux et, en campagne, au maintien de l'ordre *"de sorte que pas un d'entre eux ne frappe son camarade, n'arrache la pâte à pain ou les sandales du passant, ne vole d'habit dans aucun village, ni ne vole une chèvre à qui que ce soit"*.

Avec la politique de conquêtes du **Nouvel Empire** apparaît une armée permanente et de métier qui devient une classe à part, privilégiée et puissante. Sa richesse lui vient de la répartition des tributs de guerre, de l'exonération de ses impôts, des récompenses et cadeaux faits par Pharaon : lorsqu'il s'est particulièrement distingué, un guerrier reçoit "L'Or de la Vaillance" ainsi qu'un don en "bonne terre", dont les revenus sont, bien souvent, fort confortables. La puissance de l'armée est telle que, dès la fin de la XVIIIe dynastie, alors que le pays souffre encore du coup porté par le schisme amarnien, le Généralissime devient roi d'Égypte : **Horemheb** puis **Ramsès Ier** son tous deux, des militaires portés au pouvoir par l'armée.

En théorie, Pharaon, assisté d'un Conseil de guerre est le chef suprême des armées. S'il ne peut diriger les opérations lui-même, il délègue le commandement à un Généralissime, aidé par des lieutenants qui transmettent les ordres aux commandants et aux officiers. Certaines régions militaires, les plus éloignées de la capitale, sont directement dirigées par ces lieutenants et les "commissaires royaux en pays étrangers" assurent les opérations guerrières de peu d'importance, notamment le long des frontières du pays.

L'armée, très hétéroclite, est composée de mercenaires étrangers, de volontaires égyptiens, de captifs et, si elle n'est pas assez nombreuse, Pharaon se donne le droit de recruter, dans les familles rurales, le personnel nécessaire au bon déroulement de son projet. Pour les grandes batailles et les conquêtes territoriales, la structure prévoit une combinaison de deux armes de combat. L'infanterie la moins prestigieuse, s'organise en sections et compagnies formant quatre divisions de cinq mille hommes chacune, mises sous la protection d'une divinité particulière. La charrerie, arme bien plus noble, se divise en escadrons chargés d'encadrer les divisions au sol. Elle compte cinq mille chars, soit environ dix mille hommes. La marine quant à elle, ne combat pas, même si, au sein de l'armée, son rôle est primordial puisqu'elle s'occupe de la gestion de l'approvisionnement et du transport du matériel.

Mais, malgré le prestige et la puissance de l'armée, les conditions de vie quotidiennes des militaires et, particulièrement, des pauvres fantassins ne semblent avoir été, ni des plus confortables, ni des plus glorifiantes. Il suffit de consulter les "**Satires des Métiers**", textes particulièrement appréciés par les maîtres des écoles de scribes, pour comprendre à quelles horreurs, quelles bassesses et quelles humiliations était confronté le futur guerrier.

"Venons-en à sa marche vers la Palestine, à sa campagne sur les dunes, sa nourriture et son eau sur l'épaule... Il boit de l'eau saumâtre et s'arrête seulement pour monter la garde... Arrive-t-il à l'ennemi ? Il est comme un oiseau piégé, sans la moindre force en son corps. Revient-il en Égypte ? Il est comme un bois rongé aux vers, il est malade, il doit prendre le lit et on l'enlève sur un âne ! Ses vêtements lui sont volés et son suivant s'enfuit..."

La coupe de Djéhouty

Cette coupe en or massif avait été donnée en récompense au général Djéhouty par Thoutmosis III. On dit qu'alors, l'habile stratège avait réussi à prendre la ville de Jopé en cachant ses hommes dans des jarres. C'était en fait un des plus proches collaborateurs du souverain. La coupe propose un décor aquatique, organisé autour d'une rosette, et se présente comme un bassin où flottent des ombelles de papyrus et où nagent divers poissons qui semblent tourner en rond.

Musée du Louvre.

Scribes et artisans

"Vois, point n'est d'état qui ne soit dominé hors le savant qui lui-même domine... C'est le scribe qui impose les taxes à la Haute et à la Basse-Égypte et c'est lui qui les perçoit ; c'est lui qui fait les comptes pour tout ce qui existe. Toutes les armées dépendent de lui. C'est lui qui conduit les magistrats devant le pharaon et fixe à chaque homme son pas. C'est lui qui commande le pays tout entier ; toute affaire est sous son contrôle. Sa profession est la première de toutes les professions". En effet, grand **scribe** de la Maison royale ou petit secrétaire de province, c'est un véritable honneur d'exercer ce métier car, de tous les hommes c'est lui, le scribe, qui dirige tout.

Le mot égyptien que nous traduisons par scribe se transcrit littéralement par "celui qui écrit" : tous ceux qui maintiennent la plume, qu'ils rédigent les textes sacrés ou les livres de sagesse, qu'ils dressent les cadastres ou tiennent à jour les journaux de travail, appartiennent à une même fraternité dont le patron est *Thot*, le scribe divin.

À partir du Moyen Empire, la nécessité de former massivement des scribes fonctionnaires pour redresser l'administration, permet de concevoir, au niveau national, un système scolaire groupant des enfants du même âge. Pour l'enfant qui se destine à devenir scribe, l'apprentissage est rude et difficile. Il débute sa scolarité à l'âge de trois ans. Il apprend de ses maîtres à lire, écrire, compter en même temps qu'il s'imprègne des règles morales qui régissent la société. Il se distingue par sa bonne conduite et sa culture, est aimable et sait parler à son tour, respecte les lois et l'ordre établi, reste humble et maître de lui. Le libre arbitre et la réflexion personnelle ne sont pas encouragés : seules la tradition et l'expérience des plus anciens doivent êtres observées. On commence par lui enseigner l'écriture hiératique et on s'attache tout particulièrement à lui inculquer une orthographe parfaite des mots : noms de lieux et noms étrangers, termes techniques, militaires et autres. De même, l'enfant doit savoir calculer rapidement et correctement, évaluer un devis, dessiner une construction, évaluer une surface ; savoirs qu'il acquiert par des travaux pratiques fréquents. Parfois, l'étude des langues étrangères est obligatoire : cananéen, crétois…

Tout argument est bon pour encourager l'enfant à travailler : compliments, compétitions, menaces, châtiments corporels, promesses d'un bel avenir ou, encore, simples lectures, notamment les fameuses "**Satires des métiers**", recueils de textes visant à prouver que seule la fonction de scribe mérite d'être exercée.

"J'ai vu l'ouvrier des mines à son travail à l'ouverture du fourneau. Ses doigts avaient quelque chose du crocodile et il sentait plus mauvais que les déchets de poisson. Le tailleur de pierres cherche son travail dans toutes sortes de pierre dure. S'il l'a accompli, ses bras sont détruits et il est fatigué. Lorsqu'il s'assoit à l'aube, ses cuisses et son dos sont cassés…

Je te dis à propos du maçon, il est plus méprisable qu'on ne peut le dire, dans une chambre mesurant dix coudées sur six. Le cordonnier va très mal, il mendie constamment. Ce qu'il mange, c'est du cuir. Le laveur lave sur la rive près du crocodile. Je te dis ensuite ce qu'il en est du pêcheur, il est plus misérable que toute autre profession. Son travail n'est-il pas sur la rivière où il se mêle au crocodile ?"

Le métier de scribe résulte d'une bonne scolarité et les postes ne manquent pas dans l'administration. Seulement, la hiérarchie reste lourde et les grades variés : un scribe subalterne peut être un simple copiste, un scribe brillant peut atteindre les plus hautes fonctions du pays. Leur importance est telle au sein de la société qu'inévitablement, ils bénéficient de multiples privilèges accordés par le roi : exonération d'impôts, cadeaux divers, don de terres… Les représentations de scribes au travail sont fréquentes, tant dans la peinture que dans la sculpture ou le bas-relief. Le hiéroglyphe servant à désigner cette fonction n'est autre qu'une palette de scribe composée de deux petits godets : l'un pour le pigment rouge, l'autre pour le noir de charbon. Un porte-calames ainsi qu'un pot à eau complètent cet équipement. Le support privilégié du scribe est le papyrus, qui se prête à l'enroulement sans se casser, mais, comme brouillon, on préfère utiliser des éclats de poterie ou de calcaire, appelés **ostraca**.

La langue égyptienne ne différencie pas l'**artiste** de l'**artisan** : tous deux sont désignés par un hiéroglyphe représentant l'outil métallique utilisé pour forer les vases de pierre. C'est donc qu'il n'existe aucune frontière précise entre les deux métiers parce que, en Égypte, notre notion moderne d'art pour l'art est impropre. En effet, ici, tout a été créé non pas dans le but d'être beau mais, surtout, dans celui d'être utile. Les artisans travaillent dans l'esprit d'être efficaces et performants. En édifiant les temples, en creusant les tombes, en fabriquant les statues, ils ont pour devoir, tout en éternisant le réel, d'aider l'homme à gagner son immortalité.

Si, aujourd'hui, certaines pièces sont qualifiées de chefs-d'œuvre, c'est que l'artisan égyptien a remarquablement bien fait son travail en sachant préserver le caractère extrêmement réaliste du personnage statufié, dans le seul but de traduire la vie pour la faire durer. L'art égyptien résulte d'un besoin de conserver la vie, au-delà du corps physique, et de la volonté d'immortaliser la pensée. Dans cette optique, il semble parfaitement naturel que l'auteur ne signe pas son travail. Mais l'artisan connaît sa valeur et est conscient de son habileté comme de sa maîtrise. Dans les récits biographiques gravés sur les parois de sa tombe, il explique comment il sait *"rendre le mouvement d'un homme qui se déplace aussi bien que d'une femme qui vient, l'attitude d'un oiseau pris au piège, l'élan de celui qui assomme un prisonnier isolé, lorsque l'œil regarde son vis-à-vis et que le visage de l'ennemi est défiguré par la peur…"*

La corporation des artisans englobe tous ceux qui effectuent un travail manuel, même si, par essence, certains métiers restent bien plus valorisants que d'autres.

Le Porte-Enseigne

Sous le règne d'Amenophis III, l'art civil témoigne d'un raffinement tout à fait exceptionnel prouvant que les artistes sont parvenus à une maîtrise totale de la matière. Quel que soit le support utilisé (bois, pierre dure ou tendre, faïence, bronze…), le résultat est superbe car y figurent de multiples détails dans le modelé du corps, le traitement des coiffures et des couronnes ou le plissé des vêtements. Ce porte-enseigne illustre parfaitement cet accomplissement réel de l'art. Le personnage, un haut fonctionnaire sans doute, présente devant lui un étendard sur lequel se dresse l'effigie du dieu de l'Empire, Amon-Rê, représenté en bélier coiffé du disque solaire.

Musée du Louvre.

D'un côté figurent les charpentiers, cordonniers, carriers, brasseurs, potiers, travailleurs sur cuir ou sur bois, blanchisseurs, tisserands ou autres. De l'autre, se trouvent les orfèvres, joailliers, sculpteurs ou graveurs qui, si l'on en juge par la qualité et la richesse de leur tombe, semblent avoir bénéficié de revenus très confortables. Pour la plus grande majorité, les artisans partagent leur journée entre les manufactures de l'État et leur atelier personnel où ils travaillent pour leur propre compte. Les plus doués sont attachés à tel ou tel temple, palais ou atelier royal car, même si les grands ouvrages sont d'inspiration canonique et d'exécution collective, le souverain sait toujours estimer, honorer et rétribuer un talent individuel.

Les paysans

"Certes, ces gens sont aujourd'hui ceux qui se donnent le moins de mal pour obtenir leurs récoltes… Quand le fleuve est venu de lui-même arroser leurs champs et, sa tâche faite, s'est retiré, chacun ensemence sa terre et y lâche ses porcs. En piétinant, les bêtes enfoncent le grain, et l'homme n'a plus qu'à attendre le temps de la moisson, puis, quand ses porcs ont foulé sur l'aire les épis, à rentrer son blé."

Malgré le tableau dépeint par **Hérodote**, la vie du paysan égyptien n'est pas aussi facile. Depuis toujours, l'Égypte doit sa richesse au labeur acharné du paysan. Cependant, il travaille inlassablement une terre dont il n'est pas propriétaire et fait vivre une société qui lui laisse à peine de quoi subsister. Au cours des siècles, sa condition et son mode de vie ont peu évolué. Par mépris pour le monde rural et pour dégoûter à tout jamais leurs élèves des travaux des champs, les professeurs n'hésitent pas à noircir la condition paysanne.

"Les souris abondent dans les champs, la sauterelle s'abat, le bétail dévore, et les loriots apportent la disette au cultivateur. Le restant qui se trouve sur l'aire de battage attire les voleurs, sa valeur marchande est perdue, l'attelage de bœufs est mort à force de fouler les épis et de tirer la charrue. C'est alors que le scribe débarque sur la rive ; il vient collecter la taxe sur la moisson, accompagné de gardes armés de bâtons et de Nubiens portant des branches de palmier. Ils disent : «Donne le grain !» alors qu'il n'y en a pas. Ils battent le cultivateur qui se retrouve ligoté et jeté dans le puits, la tête en bas. Sa femme est garrottée sous ses yeux, ses enfants sont attachés. Ses voisins l'abandonnent…"

Vie et mœurs à Deir el-Medineh

Aucun site populaire ne nous est mieux connu que celui de **Deir el-Medineh** et c'est à travers son exemple que nous pouvons tenter d'imaginer quelle pouvait être la vie quotidienne d'un village de l'Égypte pharaonique. Même si, effectivement, **Deir el-Medineh** reste une création assez particulière dans l'organisation administrative du pays. **Deir el-Medineh** signifie "Couvent de la Ville", en référence au monastère installé dans le sanctuaire de l'époque ptolémaïque, au Ve siècle après J.-C. Son nom antique est **Set Maât** : la "Place de Vérité". Il regroupe les logements des artisans travaillant dans les tombes de la **Vallée des Rois** et de la **Vallée des Reines**.

Plusieurs milliers d'**ostraca**, sur tessons de poterie ou sur éclats calcaires, retrouvés dans les décombres des maisons ou dans des puits, nous renseignent, de manière bien précise, sur le fonctionnement du village, la marche des travaux, les jugements, les délits, les transactions, les héritages, les grèves et, sans aucun doute, il s'agit d'une source documentaire de toute première importance pour la période ramesside. Fondé par *Thoutmosis Ier* avec une base de soixante maisons, le village de **Deir el-Medineh** est abandonné à l'époque amarnienne pour reprendre son fonctionnement au début du règne d'*Horemheb*. Il atteint son apogée à l'époque ramesside : cent vingt habitations et quelque mille deux cents personnes sont regroupées en son sein. La communauté périclite dès la XXIe dynastie, après cinq siècles d'occupation.

C'est **Champollion** qui découvre **Deir el-Medineh** en 1828 mais, entre 1860 et 1910, la nécropole est totalement livrée au pillage : des personnages comme **Lepsius** n'hésitent pas à découper, pour les emmener en Europe, des parois complètes de tombes civiles. Le site regroupe mille trois cents sépultures, d'inégale importance, édifiées par les artisans en dehors de leurs heures de travail.

Les ouvriers sont payés pour creuser, aménager et décorer les tombes royales. Le plus parfait isolement est donc indispensable : ils restent les mieux informés sur la disposition, l'aménagement et le contenu des sépultures. Les artisans sont placés sous l'autorité directe du vizir de **Thèbes-Ouest** et sont l'objet d'une surveillance rapprochée par des milices et des policiers nubiens. Cependant, malgré de telles précautions, il semble que les habitants de **Deir el-Medineh** aient souvent été impliqués dans les histoires de pillages de l'époque ramesside.

La porteuse d'offrandes

Les nécropoles civiles de la Première Période Intermédiaire et du Moyen Empire ont fourni un grand nombre de "modèles" qui sont, en définitive, la transposition statuaire des scènes qui décoraient, aux époques antérieures, les murs des chapelles funéraires. Généralement en bois ou en calcaire peint, ils présentent des scènes complètes de la vie quotidienne ou reproduisent les différentes étapes des funérailles du défunt. La porteuse d'offrandes symbolise les domaines du mort. C'est à ce titre qu'elle s'avance, portant, sur la tête et dans les mains, des vases ou des carafes contenant toutes sortes de boissons ou de denrées appartenant au défunt.
Musée du Louvre.

En l'An 16 de **Ramsès IX** et à partir de l'An 19 de **Ramsès XI**, les autorités organisent plusieurs séries de procès, dans l'esprit de punir les coupables et, surtout, par la sévérité des peines appliquées, pour dissuader à jamais les violeurs de sépultures. Des minutes de ces jugements, il ressort que, pour la plupart, les artisans de la nécropole royale étaient indicateurs, complices actifs ou, tout simplement, neutres et muets sur ces activités nocturnes, de peur d'être assassinés par les pillards.

Un axe scinde le village en deux groupes. À l'est, se trouve l'équipe de la droite, à l'ouest, celle de la gauche. Chacune est dirigée par un architecte ou un entrepreneur. Les équipes se composent de plusieurs scribes, dessinateurs, peintres, graveurs, sculpteurs, maçons, mineurs, plâtriers, carriers, manœuvres et simples apprentis. Le scribe royal sert d'intermédiaire avec l'administration : il note dans le "journal officiel de l'Institution" les travaux effectués, leur avancement, les matériaux employés, les salaires, les incidents, tout comme les événements quotidiens importants : naissances, mariages, funérailles, décès ou avènement d'un souverain, fêtes, visites… Il effectue l'appel journalier et consigne les absences, toujours justifiées par des raisons plus ou moins fallacieuses : *"Fait de la bière ; Sa mère est de passage ; Bâtit sa maison ; Enterrement du dieu ; Offrande au dieu ; Fait des pilules pour la femme du scribe ; Est avec son dieu ; A mal à l'œil ; Fait la momie d'Hormès ; Un scorpion l'a piqué"* et, bien entendu, *"Est en compagnie de son supérieur"* qui reste la raison la plus fréquemment évoquée pour ne pas être présent sur le chantier en cours.

Le travail s'organise par périodes de dix jours, les décades, pendant lesquelles les ouvriers restent sur place, où se trouvent soixante-dix-huit huttes de repos, proches de la **Vallée des Rois**. Chacun se repose un jour toutes les décades et les jours de fêtes sont chômés. L'administration royale assure l'approvisionnement en eau et en nourriture à partir des entrepôts et des **chadoufs** des temples voisins : le **Ramesseum** et **Medinet-Habou**, notamment. Les salaires sont versés en nature : blé, pains, gâteaux, poissons, légumes, fruits, bière, lait, huile, graisse, bois à brûler, poteries et vêtements. Mais à l'époque ramesside, des problèmes de rationnement et de salaires conduisent les artisans de **Deir el-Medineh** à organiser la première grève de l'Histoire. Les revendications commencent en l'An 29 de **Ramsès III** et se prolongent jusqu'à la fin de l'ère ramesside : *"Vingt jours sont passés dans le mois sans que nos rations nous aient été données"* expliquent les ouvriers. Ainsi, à plusieurs reprises, ils désertent le village et occupent les temples de **Thèbes-Ouest**.

Les textes les plus amusants sont ceux qui émanent des artisans eux-mêmes, sortes de textes purement officieux, pense-bête ou autres. Y figurent, très simplement, tous les travers humains : délits de corruption, adultères, calomnies, vols, délation, tricherie…

"Pour faire connaître ce que j'ai eu à donner aux supérieurs des artisans pour faire enrôler mon fils dans l'équipe. Ces choses m'appartenaient en propre et à personne d'autre. Au chef d'équipe Nekhtenmout : un sac de cuir valant quinze deben de cuivre. Au chef d'équipe Inerkhâou : le bois d'un petit fauteuil valant trente deben de cuivre. Au scribe Horisheri : un grand pliant de bois valant trente deben et un tabouret de pieds"… L'enrôlement du fils dans l'équipe a coûté plus de sept kilos de cuivre, soit, environ, sept mois du travail de son père !

De même, la vie en vase clos incite aux pillages, adultères, vols, vengeances, crimes et autres. Le plus bel exemple connu met en scène un dénommé **Amenonah**. Il avait été accusé de pillage dans la tombe de **Ramsès III** mais, faute de preuves, il bénéficia d'un non-lieu et fut libéré. Il avait quand même volé et, lors du dégagement de son tombeau, les archéologues n'ont pas manqué de retrouver l'objet du litige dissimulé dans son caveau.

Aperçu sur les mathématiques égyptiennes

Peu de textes mentionnent l'étendue des connaissances égyptiennes en matière de mathématiques. Tout au plus peut-on essayer d'évaluer leur savoir au regard des monuments construits. La représentation des nombres entiers s'obtient par un système à la fois décimal et additif. Ainsi, à chaque puissance de dix, un, dix cent, mille, dix mille, correspond un signe hiéroglyphique différent. Les chiffres sont notés de gauche à droite. Le zéro n'existe pas, mais certains scribes laissent un espace vide pour indiquer sa présence. Avec un tel système, additions et soustractions restent simples. Pour les multiplications et les divisions, on décompose au maximum le multiplicateur ou le diviseur de façon à réduire le calcul à une simple addition. Les Égyptiens connaissent les carrés et les racines carrées de certains nombres ; ce qui facilite les mesures de surfaces et de volumes. Pour les fractions, ils ne connaissent que celles dont le numérateur est un, à l'exception, aux époques tardives, des deux tiers, trois quarts, quatre cinquièmes et cinq sixièmes.

Comme leur arithmétique, leur géométrie vise à des buts pratiques : calculer des surfaces de champs, des volumes de bâtiments ou de pyramides. Leur point fort reste la possession d'une recette pour calculer la surface d'un cercle en fonction de la longueur de son diamètre. Ce qui équivaut à employer une valeur de π égale à 3,16 ; ce qui reste une approximation remarquable. Pour résumer, il est nécessaire de souligner le contraste entre le caractère exclusivement utilitaire des mathématiques égyptiennes et le niveau beaucoup plus abstrait et désintéressé des mathématiques en Mésopotamie.

Les sciences

Astronomie, astrologie, magie, botanique, minéralogie, médecine, mathématiques, géométrie, physique… Visiblement, rien n'échappe aux scientifiques de l'Égypte ancienne. Catalogues divers et traités en tous genres, soigneusement consignés sur papyrus et **ostraca** ou sur les parois des temples révèlent l'étendue des connaissances égyptiennes en matière de sciences. Parmi tous les pays du monde antique, la Vallée du Nil passe pour être le berceau de tous les savoirs, la terre d'accueil des savants et lettrés, curieux des mécanismes qui régissent la nature tout comme le monde organisé.

Ici, entendons par "science" tout savoir spécialisé, quel que soit le domaine qu'il touche : cosmos, animaux, végétaux, nature, corps humain… Toutes ces disciplines, très influencées par les croyances religieuses, possèdent une caractéristique commune : leur développement est toujours lié à un besoin purement utilitaire. En Égypte, aucune recherche n'est désintéressée : les mathématiques et la géométrie permettent de construire pyramides et temples, l'astrologie et l'astronomie fixent le calendrier et les fêtes religieuses, la médecine et la magie favorisent la survie du corps aussi bien sur terre que dans l'au-delà…

Cependant, l'étude approfondie des textes montre que les recherches effectuées aboutissent rarement à des "lois" : il s'agit plutôt de "recettes" destinées à résoudre tel problème particulier, à réaliser telle construction, à soigner telle maladie. De même, quantité de documents révèlent en toute simplicité les limites du savoir scientifique égyptien. Par exemple, lorsqu'un praticien semble totalement démuni devant un cas clinique, il n'hésite pas à conclure après l'examen et le descriptif des symptômes, *"…Une maladie pour laquelle on ne peut rien"*.

En Égypte, les maladies, hors accidents s'entend, sont bien souvent l'effet de puissances hostiles, d'esprits adversaires dont le traitement relève de la magie. Il en est de même pour les piqûres de scorpions et les morsures de serpents contre lesquelles il semble qu'aucune médication n'ait jamais été appliquée, alors qu'une multitude de papyrus invoquent les génies guérisseurs, la déesse *Selkis* notamment, pour repousser le venin.

La princesse Néfertiabet

Néfertiabet était probablement une fille du roi Chéops et cette stèle aux couleurs vives provient du mastaba qu'elle s'était aménagé à Gizeh. La scène présente la princesse, vêtue d'une robe moulante en peau de panthère, assise devant une table chargée d'offrandes. Le texte donne une liste très précise de tous ces produits et de leur quantité. Y figurent, entre autres, encens, huile, bestiaux, fard vert et fard noir, figues, abricots, pains, tissus, bière… pour que, dans l'au-delà, survive Néfertiabet.

Musée du Louvre.

Parallèlement aux sorciers, un corps de médecins, très organisé et hiérarchisé, pratique une médecine beaucoup moins primitive. On trouve des généralistes et des spécialistes : ophtalmologistes, dentistes, chirurgiens, vétérinaires même. Stagiaires ou professeurs sont rattachés généralement à un corps institutionnel quelconque : palais royal pour les meilleurs, armée, ministères... Nous sommes très bien renseignés sur la connaissance médicale des anciens Égyptiens car de nombreux papyrus traitant du sujet nous sont parvenus : traités divers, analyses, pratique, médication. De prime abord, on aurait pu imaginer que la pratique de l'embaumement aurait familiarisé les médecins avec l'anatomie du corps humain : étrangement, il n'en est rien. Ils ignorent l'existence des reins, relient l'estomac aux poumons et les poumons au cœur. La théorie du système vasculaire est la base de la science médicale dont s'inspire tout praticien. Ils pensent que le cœur charrie dans ses artères tout ce que le corps contient comme éléments liquides, depuis le sang, ce qui est tout à fait légitime, jusqu'aux larmes, à l'urine ou au sperme, ce qui est beaucoup plus étonnant. Les livres de médecine dressent une liste

d'origine animale ou, même, excrémentielle. Si l'on s'en réfère aux textes, matières fécales, déjections d'âne, de chien, d'antilope et de cochon ou, en toute simplicité, *"de la chiure de mouche qui colle au mur"* servent à composer ces potions. Un bon cataplasme se doit de contenir sang de lézard et dents de cochon, viande pourrie, graisse puante et lait de femmes en couches. En matière de dentisterie, les Égyptiens pratiquent des plombages avec un ciment minéral et crèvent les abcès en perforant la mâchoire. En fait, c'est en matière de chirurgie osseuse qu'excellent les médecins. Le papyrus **Edwin Smith** évoque quarante-huit cas de fractures ou autres, étudiés avec une rigueur scientifique étonnante.

*"**Titre.** Instructions relatives à tel cas. **Examen.** Si tu examines un homme présentant tel ou tel mal, et si tu constates tel ou tel symptôme, tu agiras comme suit... **Diagnostic.** Tu diras à ce propos : un homme ayant souffert de tel accident ; une maladie que je traiterai. **Traitement.** Tu feras un bandage ou un massage..."*

Cependant, malgré l'aspect quelque peu rudimentaire de la médecine égyptienne, il faut avouer que, bien souvent, les remèdes prescrits paraissent avoir été, dans l'ensemble, très efficaces et performants.

Plafonds astronomiques, cartes célestes, traités en tous genres ou tables des constellations nocturnes nous donnent une idée de l'intérêt porté par les Égyptiens pour l'**astronomie**. Ici encore, l'épanouissement de cette discipline correspond à une nécessité pratique. Établir les différentes phases du calendrier, diviser le temps, déterminer les jours fastes et néfastes ou orienter les constructions religieuses et les temples sur les quatre points cardinaux, sont autant d'activités qui réclament des visées astrales, précises et régulières. Ainsi, ils avaient repéré cinq planètes dans le ciel, appelées *"les astres qui ignorent le repos"*, et quantité de constellations ou de groupements stellaires, malheureusement assez difficiles à identifier par leur iconographie très imagée : sur les cartes du ciel s'enchevêtrent animaux, dieux et déesses célestes, coiffés d'étoiles colorées ou de disques solaires, parfois accompagnés d'une brève légende donnant leur nom et leurs qualités. En revanche, tous les phénomènes célestes, hormis les éclipses et, peut-être, les météores, échappent complètement aux astronomes égyptiens. En témoigne ce personnage qui, sous ***Thoutmosis III***, décrit comme une chose inexpliquée, incroyable et effrayante, l'apparition dans le ciel *"d'un corps céleste étincelant"* qui, selon les experts, pourrait bien être la comète de Haley.

impressionnante des maladies usuelles : ulcères, hémorragies, vomissements, cancers, bilharzioses, constipation, affections des voies urinaires ou respiratoires, troubles oculaires, migraines, vers intestinaux… ; et non moins impressionnante des remèdes préconisés : massages, pansements, potions, suppositoires, cataplasmes, gargarismes, pilules, pommades, collyres, inhalations… Pour compléter toute médication, qui ne doit sembler ni trop simple ni trop commune, il est de bon ton de prescrire au patient des remèdes composés, pour partie, d'herbes médicinales ou curatives et, pour partie, d'éléments

Les petites princesses amarniennes

À Tell el-Amarna, capitale de l'Égypte sous le règne d'Akhénaton, se développe un art original qui diffère en tous points des canons traditionnels. Outre les déformations physiques exacerbées des personnages, l'iconographie propose des thèmes assez inédits puisque, bien souvent, les images présentent des scènes assez intimistes de la vie quotidienne royale ; en témoigne cette peinture où deux filles d'Akhénaton, totalement dévêtues, se touchent le visage dans un geste de pure affection.

Ashmolean Museum d'Oxford.

LES TOMBES, TRÉSORS DES PHARAONS

Des pyramides à la Vallée des Rois

On l'appelle le "Pays des tombeaux". Et, en effet, du nord au sud, se succèdent tombes isolées, nécropoles, hypogées et pyramides. On les compte par milliers, du simple trou excavé dans le rocher aux plus vastes sépultures royales. Mais, sans aucun doute, le terme de tombe reste totalement générique car il n'est de sépultures identiques. Tout au plus, des modèles existent qui, selon bon nombre de critères, évoluent au fil des siècles. L'époque, les traditions, les régions, les dieux vénérés ou la condition sociale sont autant de facteurs qui viennent transformer le tombeau idéal. Une seule constante : la qualité et, même, l'existence de la sépulture dépendent de la fonction de son propriétaire. La tombe de pauvre se résume à une fosse creusée dans les sables du désert, dans laquelle quelques éléments de vaisselle ont été posés autour d'une momie de basse classe. Ensuite, le rang du personnage au sein de la société égyptienne doit déterminer, à la fois, la situation géographique de la sépulture mais, également, sa taille, sa complexité, sa beauté et, surtout, sa richesse. Quant à Pharaon, il bénéficie d'un caveau unique auquel ne peuvent prétendre d'autres que lui.

Durant les deux premières dynasties, rien ne différencie réellement la sépulture du roi de celle d'un de ses sujets. Toutes deux relèvent du **mastaba**, superstructure rectangulaire en forme de banc de pierre, dont l'entrée est signalée par une simple stèle funéraire destinée à rappeler les noms et titres de son propriétaire, qu'il s'agisse de Pharaon, d'un membre de sa famille ou d'un particulier. Dès le début de l'Ancien Empire, *Djéser* marque un tournant radical dans l'évolution de la tombe royale : aidé par **Imhotep**, il conçoit une forme nouvelle de sépulture, la pyramide, maintes fois reprise par ses successeurs.

C'est que, dorénavant, seul le roi aspire à un devenir solaire, les civils, eux, ne revivant que dans leur tombe dans laquelle ils vont connaître une deuxième existence. Pharaon jouit d'un prestige inspiré par son caractère divin et, après sa mort, la survie lui est assurée par le soin apporté à son monument funéraire. La forme même de la pyramide revêt une signification "magico-religieuse". Selon la doctrine héliopolitaine, le roi, après sa mort, rejoint le dieu solaire, Rê, et se fond en lui ; cette montée au ciel se fait par un escalier ou par les rayons du soleil. La pyramide pourrait donc être interprétée comme la figuration symbolique de cette échelle vers le soleil.

Le complexe funéraire de Djéser

Sur le plateau désertique de **Saqqarah**, côté rive ouest du Nil, la rive des morts des anciens Égyptiens, se dresse le complexe funéraire de *Djéser*, fondateur de la IIIᵉ dynastie. Ici, tout est étrangement novateur comme si, soudain, toutes les traditions ancestrales avaient été abandonnées au profit d'autres, plus adaptées au nouveau statut de Pharaon : il devient dieu parmi les hommes et entend bien jouir de cette prérogative. Deux éléments essentiels caractérisent cette profonde mutation : l'adoption de la forme pyramidale pour une utilisation funéraire et l'abandon de la brique crue au profit de la pierre de taille. L'origine de ce type de sépulture remonte, sans doute, au tas de sable qui recouvrait les corps des habitants de l'Égypte prédynastique, mais l'idée de l'adapter aux exigences royales revient au célèbre **Imhotep**, vizir et architecte de *Djéser*, divinisé, à la Basse Époque, pour son immense sagesse. Au cœur d'une esplanade délimitée par une enceinte, s'élève, majestueuse, la pyramide, autour de laquelle s'organisent tous les éléments nécessaires au bon passage de l'âme dans l'au-delà : cours et salles diverses, chapelles de culte, entrepôts de statues et d'offrandes, bâtiments cérémoniels… Ici, tout a été créé pour que survive le roi.

Le masque funéraire de Toutankhamon

Malgré notre connaissance assez précise des rites d'ensevelissement en Égypte ancienne, nous ne savons pas encore très précisément quel matériel funéraire accompagnait le souverain dans sa dernière demeure puisque, pour la majorité, les tombeaux royaux ont été pillés et ce dès la plus haute époque pharaonique. Toutankhamon fait figure d'exception puisqu'il s'agit de la seule tombe découverte inviolée du Nouvel Empire, alors que le pays était au sommet de sa puissance. Les pièces les plus spectaculaires de cet immense trésor étaient regroupées dans la seule chambre funéraire où reposait Pharaon. Chapelles et sarcophages, emboîtés les uns dans les autres, contenaient la momie royale dont le visage était recouvert par cet étonnant masque funéraire en or massif incrusté de pierres précieuses et semi-précieuses. Il constitue un des portraits les plus expressifs du jeune Toutankhamon coiffé du némès, paré de la barbe postiche et le front orné des emblèmes de la Haute et de la Basse-Égypte, la déesse vautour Nekhbet et la déesse cobra Ouadjet.
Musée égyptien du Caire.

Séthi Ier et Hathor

Ce bas-relief provient du tombeau de Séthi Ier situé, à Thèbes, dans la Vallée des Rois. Il a été offert au Musée du Louvre, en même temps que le sarcophage de Taho, par Champollion qui, à cette occasion, écrivait dans une correspondance adressée à son frère : "C'est un cadeau que je fais au Louvre, où ils resteront en mémoire de moi". *Pour Champollion, c'était* "le plus beau bas-relief colorié du tombeau royal". *En fait, l'ensemble de la sépulture témoigne d'une qualité exceptionnelle, mais il faut bien avouer que ce relief est superbe. Pour s'en convaincre, il suffit d'admirer le soin porté au rendu des parures, des vêtements ou de leurs décors, des perruques, et des hiéroglyphes. Il présente Séthi Ier, dont le nom est inscrit au-dessus de sa tête, recevant des mains de la déesse Hathor le collier magique. Tous deux se tiennent la main, dans un geste qui lie la destinée de Pharaon à celle du monde divin.*
Musée du Louvre.

Entièrement construite en calcaire, la pyramide de *Djéser* répond à des aménagements successifs qui témoignent de tâtonnements évidents, dus à l'évolution brutale de l'architecture au début de l'Ancien Empire. Au départ, **Imhotep** imagine un immense **mastaba**, sous lequel se trouve un puits très profond donnant accès à un caveau, desservi par un petit appartement funéraire. Rapidement agrandie vers l'est pour abriter les membres de la famille royale, cette première sépulture finit par se couvrir d'une structure à quatre degrés. Plus tard, dans l'esprit, dit-on, de le rendre plus visible, le monument s'enrichit de deux degrés supplémentaires qui donnent à l'édifice définitif l'aspect d'une pyramide à six degrés mesurant quelque 61 mètres de haut. Accolé sur sa face nord et fermé de tous côtés se trouve le **serdab**, petite pièce contenant une statue du défunt, ne communiquant avec l'extérieur que par deux trous cylindriques pratiqués à hauteur des yeux, pour permettre au roi d'assister au service de l'offrande se déroulant dans son temple funéraire. Quant aux autres bâtiments, pour la plupart terriblement détériorés lors de leur découverte, ils ont été l'objet de grandes campagnes de fouilles archéologiques, dirigées par le Français **Jean-Philippe Lauer**. Les informations recueillies au fil des missions et des années lui ont permis de reconstituer les différents éléments de ce vaste complexe funéraire.

Le roi Snéfrou

Trois pyramides portent le nom du fondateur de la IVe dynastie, *Snéfrou* : une à **Meidoum**, la plus contestée, et deux à **Dahchour**, les plus étonnantes. En fait, il serait plus juste de penser que la plus ancienne, la pyramide de **Meidoum**, appartient plutôt à son père, *Houni*. Du moins, pense-t-on, il en aurait commencé la construction que son fils se serait chargé d'achever. Quoi qu'il en soit, la solution adoptée, ici, témoigne des nouvelles exigences dictées par l'évolution du tombeau pyramidal : construire encore plus haut et encore plus pentu. Certes, l'élévation d'une pyramide parfaite tente les constructeurs mais, conscients d'un manque certain de maîtrise, ils optent pour un moyen terme : un édifice à huit degrés, comblés par un élégant parement en calcaire donnant, au bâtiment achevé, l'aspect d'une vraie pyramide de près de 92 mètres de haut. On ne sait si, un jour, ce résultat a réellement été obtenu puisque rien ne subsiste de la partie supérieure. Pour certains, la pyramide se serait effondrée, avant même la fin de la construction, à cause, sans doute, du poids bien trop important du revêtement prévu. Cependant, des graffiti, trouvés à proximité, expliquent plutôt que la pyramide se serait effectivement écroulée, mais, beaucoup plus tard, à la XVIIIe dynastie.

Les pyramides de **Dahchour** marquent une étape, nouvelle et significative. La plus ancienne, communément appelée "pyramide rhomboïdale", possède un aspect des plus insolites : elle se caractérise par un brusque changement de pente à mi-hauteur encore très discuté par les égyptologues. Les uns mettent en cause la mort prématurée du roi ; il aurait alors fallu accélérer les travaux pour pouvoir enterrer *Snéfrou* dans sa pyramide, puisque c'est la seule qui, avec certitude, puisse lui être attribuée. Les autres accusent les déboires de la pyramide de **Meidoum**. Se rendant compte de son instabilité, les maîtres-d'œuvre auraient préféré abandonner l'élévation d'une pyramide parfaite pour éviter tout incident.

Enfin, avec la "pyramide rouge", on atteint pour la première fois le but si longtemps recherché : l'élévation d'une pyramide parfaite. Mais, malgré cet exploit qu'on ne saurait taire, l'examen de cet édifice ne peut tromper personne. Sa conception prouve que certaines contraintes techniques n'ont pu encore être résolues. La pente adoptée est inférieure de 10° à celle pratiquée chez *Chéops* : donc, logiquement, à bases sensiblement égales, la pyramide de *Snéfrou* est moins haute de plus de 40 mètres. En résulte un édifice plus massif et moins élancé.

Le plateau de Gizeh

C'est, par excellence, la nécropole royale de la IVe dynastie. Outre les trois pyramides et leurs dépendances, elle comprend de nombreuses tombes abritant les hauts dignitaires des IVe et Ve dynasties. Pour le roi, on adopte la structure du complexe funéraire imaginée par *Snéfrou*, différente en tous points des aménagements de *Djéser*. Immédiatement au bord du Nil, à la limite des terres cultivées, le temple de la vallée, point de passage obligatoire vers la demeure d'éternité, reçoit le défunt lors des funérailles. On y pénètre par une porte donnant sur une cour bordée de chapelles et de magasins. C'est le lieu de purification et d'accueil, le lieu de renaissance du défunt qui, grâce aux rituels pratiqués pendant la momification, revivra éternellement à travers les statues de culte placées dans son sanctuaire. Une chaussée montante et couverte mène au temple funéraire, également appelé temple haut.

Situé sur la face est de la pyramide, il se divise en deux parties : le vestibule et la cour, pour le culte des statues ; le temple intime, pour le dépôt d'offrandes alimentaires. Derrière se dresse l'élément essentiel de cette structure funéraire : la pyramide qui n'est autre que le caveau où le défunt reposera pour l'éternité. Des fosses, creusées à même le roc au pied de la pyramide, abritent les barques funéraires en bois. De taille et d'importance variables, elles doivent permettre à Pharaon de naviguer dans l'au-delà aux côtés de son père, le dieu *Rê*. Enfin, disposées en rangs serrés de part et d'autre du monument royal, se trouvent les tombes civiles. Les particuliers, dont l'espoir de survie se limite à la seule tombe, entendent bien, par cette proximité, participer au devenir solaire du roi. Les plus nobles reposent immédiatement autour de la pyramide ; les moins fortunés se voient relégués aux franges du plateau désertique : c'est que, même par-delà la mort, la hiérarchie sociale est conservée.

Est-ce une étrange ironie du sort ? Mais force est de constater que du plus grand constructeur de tous les temps, nous ne savons rien. Hormis les récits d'**Hérodote**, qui rapporte une tradition orale vieille de plus de deux mille ans, aucun document concernant ***Chéops*** ne nous est parvenu, si ce n'est une petite statuette en ivoire d'environ… 8 petits centimètres de haut. Triste destinée pour le bâtisseur de la Première Merveille du monde ! Fils de ***Snéfrou*** et d'***Hétéphérès***, il emprunte, pour ses besoins funéraires, les idées amorcées par son père. Plus téméraire, et certainement plus ambitieux, il surpasse les limites techniques déjà atteintes pour édifier une pyramide parfaite de 230 mètres de côté, 146 mètres de haut, avec une pente parfaitement régulière de 52°. Ce sont quelque deux millions trois cent mille blocs, d'environ 1m^3 chacun, répartis sur 53 000 m^2 de terrain. Le parement en calcaire rose de **Tourah**, pour partie arraché à l'époque arabe, devait donner à la pyramide un aspect pointu et parfaitement lisse. L'absence de ce revêtement, notamment au sommet, explique pourquoi la pyramide ne s'élève plus qu'à 137 mètres de haut. Quant aux aménagements intérieurs, qui ne cessent de susciter un émoi particulier parmi les scientifiques, ils semblent avoir été modifiés à plusieurs reprises. Au départ, on aménage un caveau souterrain de petite taille, dont l'accès s'effectue par un long couloir étroit et pentu. Avant même d'avoir abouti, le projet est abandonné et on opte, alors, pour une chambre dans le corps de la maçonnerie, improprement appelée "Chambre de la Reine", inachevée elle aussi par suite d'un nouveau changement de plan. On décide donc de prolonger le corridor conduisant à cette deuxième tentative manquée, par une galerie, admirable et spacieuse, de 46 mètres de long sur 8,50 mètres de haut, conduisant à une petite salle en granite coiffée d'un savant dispositif de chambres de décharge prévu pour diminuer les poussées : le caveau de ***Chéops***. L'ensemble est admirable et témoigne d'une maîtrise parfaite des techniques architecturales tout comme des méthodes de construction qui, à ce jour, restent encore énigmatiques. Comment les Égyptiens ont-ils bien pu faire pour construire un tel monument ? Question sans réponse, que se posent techniciens, ingénieurs et égyptologues de tous horizons depuis tant d'années. De la rampe montante à la rampe enveloppante, du simple traîneau au traîneau roulant, de l'exploitation de la crue du Nil à l'emploi d'une machine en bois reposant sur un système de contrepoids : tout semble avoir été imaginé pour tenter de déterminer comment les pierres ont été acheminées jusqu'à la pyramide, puis hissées sur ses gradins successifs. Malheureusement, rien, dans les textes historiques ni, même, dans la logique pure, ne permet de conforter telle hypothèse avancée, plutôt que telle autre. Tout au plus, eu égard aux techniques connues et usitées à l'époque, certaines suppositions peuvent sembler plus crédibles ou plus réalisables que d'autres. Au bénéfice du doute, il nous a semblé plus sage de taire ce problème.

La découverte faite en 1954 le long de la face sud de la Grande pyramide mérite une attention particulière. Situées dans le prolongement l'une de l'autre, deux excavations naviformes, recouvertes de gigantesques dalles de calcaire posées sur le champ, abritaient les barques funéraires de Pharaon. Une seule des deux cavités a été ouverte ; l'autre est encore scellée, peut-être par souci de conservation, peut-être aussi pour laisser aux générations futures le plaisir d'une si belle découverte. La barque, soigneusement rangée en pièces détachées, a été sortie puis reconstituée par les soins du Service des Antiquités. Un musée, tout spécialement conçu pour l'accueillir, présente cette œuvre splendide. Ce sont quelque six cent cinquante éléments totalisant mille deux cent vingt-quatre pièces de bois, pour la majorité en cèdre du Liban. Actuellement, elle mesure 43 mètres de long sur 5,90 mètres de large. Ni clous, ni chevilles : tout a été assemblé avec des cordes d'alfa, dont la caractéristique première est de gonfler au contact de l'eau pour permettre à la barque de flotter.

Merenptah devant Rê-Horakhty

Ce beau relief polychrome provient de la tombe de Merenptah, pharaon de la XIXe dynastie et successeur de Ramsès II. Le roi est coiffé d'une couronne assez originale qui combine différents éléments : les cornes de bélier du dieu solaire Amon-Rê, surmontées de deux cobras enserrant la couronne atef à deux hautes plumes d'Osiris, le dieu des morts. Il s'avance vers une divinité à tête de faucon coiffée d'un disque solaire qui n'est autre que Rê-Horakhty, une des formes les plus connues du dieu solaire. Ici, le dieu présente à Pharaon un sceptre surmonté de deux symboles : le pilier djed et la croix ankh. C'est par ce geste qu'il transmet au défunt la vie et la stabilité dans le royaume des morts.

Tombe 8 de Merenptah, Vallée des Rois,
Thèbes-Ouest, Haute-Égypte.

Les livres funéraires

Située sur la Rive ouest du Nil, la rive des morts des anciens Égyptiens, la Vallée des Rois abrite les tombes des pharaons des XVIIIe, XIXe et XXe dynasties. Hormis celle de Toutankhamon, elles ont toutes été pillées et ce dès l'époque pharaonique. Cependant, même si les trésors funéraires ne sont plus, ces tombeaux conservent encore le souvenir de bien somptueuses funérailles. Profondément creusés dans l'épaisseur de la falaise, ces hypogées mesurent, pour les plus importants, 100 mètres de long et les parois sont couvertes de scènes, gravées ou peintes, issues de plusieurs livres funéraires, exclusivement réservés au personnage royal. Le "Livre des Portes" et le "Livre de ce qu'il y a dans l'Hadès" présentent deux versions d'une même conception qui vise à identifier Pharaon à l'astre solaire, le dieu Rê. Pour parvenir à ses fins, le défunt doit connaître cette multitude de figures énigmatiques chargées de symboles car elles participent toutes à la régénération quotidienne du soleil.

Tombe 9 de Ramsès VI, Vallée des Rois,
Thèbes-Ouest, Haute-Égypte.

L'expérience tentée par le roi *Chéops* reste unique. Parmi les nombreuses pyramides construites le long de la Vallée du Nil, seule celle de son fils, *Chéphren*, peut lui être comparée. Paradoxalement, sur le plateau de **Gizeh**, elle semble dominer celle de son prédécesseur. À ceci, deux raisons essentielles : d'une part, elle se dresse en un point plus élevé du terrain ; d'autre part, une partie de son revêtement en calcaire subsiste au sommet, lui conférant une hauteur de 136 mètres, sensiblement identique à la hauteur actuelle de celle de *Chéops*. Quant à la troisième pyramide de **Gizeh**, celle de *Mykérinos*, elle ne s'élève qu'à 62 mètres et s'assied sur une base de 108 mètres de côté. Dans le caveau funéraire, découvert par l'archéologue *Vyse* en 1837, se trouvaient encore le sarcophage, magnifique cuve en basalte ornée d'un décor en "façade de palais", et le cercueil en bois, inscrit aux cartouches de Pharaon. Cependant, le bateau chargé de convoyer le sarcophage vers l'Angleterre a sombré le long des côtes ibériques : malgré de multiples recherches, l'épave n'a jamais pu être localisée.

À quelques centaines de mètres au sud-est de la pyramide de *Chéphren* siège *Harmakhis*, l'Horus dans l'Horizon", majestueux gardien de la nécropole. Tourné vers le Levant, le sphinx de **Gizeh**, taillé au cœur d'une carrière en calcaire, mesure quelque 20 mètres de haut et 71 mètres de long. On le date du règne de *Chéphren* mais certains détails donnent à penser qu'il est peut-être plus ancien. La tradition raconte qu'un émir mutila son visage, ulcéré par sa beauté trop parfaite et son sourire païen.

La fin de l'ère des pyramides

Les complexes funéraires des rois de la Ve dynastie possèdent la même structure que ceux de leurs prédécesseurs. Malgré leur mauvais état de conservation, ces ensembles, trop souvent ignorés, figurent au nombre des chefs-d'œuvre de l'Égypte. Certains sanctuaires, bien que détruits, sont magnifiques, tant par la qualité de leur décor que par le choix judicieux des matériaux utilisés : basalte, granite, albâtre, calcaire. Les reliefs du temple funéraire de *Sahourê*, enterré à **Abousir**, illustrent cette affirmation. Les plus beaux, transportés au **Musée du Caire**, présentent des scènes relatives à la naissance divine du roi, allaitement de l'enfant par la déesse *Hathor* par exemple, ou aux cérémonies de couronnement et de jubilé. Sur place gisent encore les structures qui constituent de splendides modèles d'architecture : magasins à étages, dallages…

Avec *Ounas*, dernier roi de la Ve dynastie, dont le complexe funéraire très bien conservé se trouve à **Saqqarah**, apparaissent les premiers textes religieux gravés sur les parois du caveau : les **"Textes des Pyramides"**.

*"Le roi Ounas est parti vers le Ciel,
Héron, il s'est envolé dans les airs,
Il a embrassé le Ciel comme un faucon,
Ô dieu-soleil tout puissant, ton fils vient à toi,
Il régente la barque divine."*

Ainsi débute la version réservée à *Ounas*. En fait, il s'agit d'une série de formules, assez diverses et totalement indépendantes, visant à assurer au mort le passage vers l'au-delà et l'existence parmi les bienheureux. Ces incantations magiques doivent fournir au défunt ce qui est nécessaire à la survie, à la purification de l'âme et au franchissement des obstacles. Formules et textes ont un pouvoir immense : il s'exerce par la magie de la parole, grâce à la récitation de formules au cours des funérailles, et par l'effet enchanteur de l'écrit, grâce à la retranscription des textes funéraires sur les parois des sépultures. Réservés au seul personnage royal sous l'Ancien Empire, les **"Textes des Pyramides"** ne cessent d'évoluer et de s'enrichir d'apports divers au cours des siècles. Repris et transformés par les civils du Moyen Empire, sous le nom de **"Textes des Sarcophages"**, ils aboutissent, au Nouvel Empire, à la rédaction du **"Livre des Morts"**, état le plus développé de ce genre de compilations religieuses.

Rompant avec la tradition, *Montouhotep*, pharaon de la XIe dynastie, choisit de se faire enterrer à **Thèbes**, en Haute-Égypte. Il s'installe dans le cirque rocheux de **Deir el-Bahari**, sur la rive ouest du Nil, à l'emplacement même où la reine *Hatchepsout* viendra édifier son "Château des Millions d'Années" quelque cinq cents ans plus tard. Il se construit un complexe funéraire qui reprend la structure de ceux de l'Ancien Empire, mais s'enrichit de divers éléments architecturaux donnant à l'ensemble un aspect unique. Depuis le temple bas, une route montant vers l'ouest conduit à une vaste cour, autrefois plantée d'arbres. De là, une rampe conduit à la première terrasse soutenue par une série de piliers en grès. Une deuxième terrasse superposée, bordée de portiques sur trois côtés, supporte la pyramide. La chambre funéraire se trouve à l'ouest du sanctuaire, sous la falaise. D'après un procès-

sous la pyramide. Elle contenait divers petits objets ou amulettes mais, surtout, un sarcophage anonyme ainsi qu'une imposante statue de **Montouhotep** assis, vêtu de son costume de jubilé, coiffé de la couronne rouge de Haute-Égypte et le visage peint en noir, dans l'esprit d'affirmer son assimilation à *Osiris*, le dieu des morts.

Quant aux rois de la XIIe dynastie, dont les tombeaux se trouvent à **Licht**, à **Dahchour** ou dans la région du **Fayoum**, ils reviennent à un système de construction plus traditionnel, issu des modèles de l'Ancien Empire. Ils conservent la pyramide comme tombeau mais y intègrent quelques modifications. D'abord, les **"Textes des Pyramides"** disparaissent : les parois sont anépigraphes. Ensuite, les pyramides, de dimensions moindres, possèdent un appareillage de pierres beaucoup plus petites ou, même, un appareillage de brique crue. Enfin, la disposition interne des chambres est plus complexe dans l'esprit de tromper les pilleurs de sépultures.

La Vallée des Rois

*Thoutmosis I*er introduit une modification radicale dans la structure du complexe funéraire. Il sépare sépulture, située dans la **Vallée des Rois**, et temple funéraire, le "Château des Millions d'Années", construit à la lisière du désert. Sur la rive ouest du Nil, juste à l'aplomb de la Cime de l'Occident, se trouve le "Siège de Maât", nécropole des rois du Nouvel Empire. Elle se divise en deux oueds : à l'ouest, la **Vallée des Singes** comportant quatre tombes, dont celles d'*Amenophis III* et du Divin Père *Ay* ; à l'est, la **Vallée des Rois**, **Biban el-Molouk** en arabe, soit "Les Portes des Rois", comportant cinquante-huit tombes des XVIIIe, XIXe et XXe dynasties.

Certaines ne sont que des excavations encombrées de gravats alors que d'autres renferment encore le souvenir de luxueuses funérailles, même si les trésors funéraires ne sont plus. L'exemple de *Toutankhamon*, si d'aventure il peut être considéré comme tel, montre quelles richesses accompagnaient Pharaon dans l'au-delà : chapelles, sarcophages, masques, chars, pectoraux, armes, éléments de vaisselle, vêtements, coffres, cannes, sièges, meubles… Sans compter le matériel funéraire aussi riche qu'abondant : **oushebtis**, vases canopes, amulettes… ; ce qui surprend, au regard de l'importance toute relative de *Toutankhamon* dans l'histoire égyptienne, quant aux trésors de souverains tels qu'*Amenophis III* ou *Ramsès II*…

verbal, sous *Ramsès XI*, elle était encore intacte. Cependant, on n'y a trouvé que peu de chose : des modèles de bateaux, un **naos**, des cannes, des sceptres… En revanche, son cénotaphe était plus riche. On dit que l'archéologue **Carter** découvrit son entrée par hasard : son cheval fit un faux pas à cet emplacement, d'où le nom utilisé pour le désigner : la "Porte du Cheval". Par un long couloir, on accède à une chambre voûtée, située

Nephtys et Selkis

Chaque divinité représentée sur les parois d'une tombe joue un rôle bien spécifique dans le parcours du défunt vers le royaume des morts. Certaines s'attachent à le guider dans les méandres du monde inférieur, d'autres s'occupent des opérations de momification et de funérailles, d'autres encore se doivent d'assurer la protection du défunt, en particulier de celle de son corps ou des viscères momifiés. Placés dans quatre vases canopes, eux-mêmes rangés dans une petite chapelle, les viscères sont protégés par des déesses funéraires : Isis, Nephtys, Selkis et Neith. Ici, dans la tombe de Khâemouaset, enterré dans la Vallée des Reines, sont représentées, à gauche, la déesse Nephtys chargée de veiller sur les poumons et, à droite, la déesse scorpion Selkis chargée de veiller sur les intestins.

Tombe 44 de Khâemouaset,
Vallée des Reines,
Thèbes-Ouest, Haute-Égypte.

Pages suivantes
Ramsès III et Shou

Plusieurs fils de Ramsès III disparus en bas âge ont été enterrés dans la Vallée des Reines. Le plus beau de tous ces hypogées est celui de Khâemouaset dont les couleurs ont gardé leur remarquable fraîcheur d'antan. Les peintures et les reliefs figurés sur les parois diffèrent des représentations traditionnelles car, ici, le jeune défunt se présente devant les divinités funéraires avec son père, chargé de veiller à ce que l'enfant traverse indemne les régions du monde inférieur. Dans cette scène, le roi, coiffé de la couronne rouge de Basse-Égypte, salue le dieu Shou. Ce qui surprend le plus dans cette tombe, c'est l'extrême naïveté des images et la brièveté des inscriptions qui s'y rapportent : n'oublions pas que cette tombe s'adresse à un enfant…

Tombe 44 de Khâemouaset,
Vallée des Reines,
Thèbes-Ouest, Haute-Égypte.

Ces sépultures, gardées secrètes au départ, *"nul ne voyant, nul n'entendant"* dit-on, attirent, très rapidement, les pilleurs. Les premiers vols, constatés sous le pharaon *Ramsès IX*, dès la XXe dynastie, semblent anodins et, si l'on en croit les documents, textes, minutes de procès ou récits divers, restent relativement niés par les hauts fonctionnaires et les inspecteurs chargés de la surveillance de la nécropole de **Thèbes-Ouest**. Mais, à peine quelques décennies plus tard, ils recommencent de plus belle, sous le règne de *Ramsès XI* très exactement. On inspecte alors bien minutieusement les caveaux de manière à sauver ce qui a échappé aux pilleurs. On restaure les momies abîmées que, finalement, on décide de regrouper dans deux cachettes : pour partie, dans la sépulture d'*Amenophis II*, pour partie dans une cachette creusée dans la falaise, près de **Deir el-Bahari** (momies royales d'*Amenophis Ier*, *Thoutmosis III*, *Séthi Ier*, *Ramsès II*…).

Il faut attendre le XIXe siècle pour entendre, à nouveau, parler de ces affaires de pillages. Depuis 1876, des objets, estampillés de cartouches royaux et prestigieux, apparaissaient sur le commerce des antiquités, laissant présager une source d'approvisionnement aussi importante qu'inconnue. Après maintes recherches, l'archéologue français **Maspéro** finit par résoudre l'énigme : Ahmed Abdel-Rassoul, habitant de **Gournah**, petit village sur la rive ouest de **Thèbes**, écoulait, petit à petit, les richesses de la royale cachette. En 1881, ces momies et leurs trésors quittent **Louqsor** pour intégrer le **Musée du Caire** : *"De Louqsor à Qouft, sur les deux rives du Nil, les femmes fellahs échevelées suivirent le bateau en poussant des hurlements et les hommes tirèrent des coups de fusil, comme ils font aux funérailles"*. Arrivé au **Caire**, le bateau déclare sa marchandise pour que soient appliquées les taxes réglementaires de débarquement ; et le fonctionnaire en poste, surpris, ne sachant quel tarif appliquer à ce chargement insolite, de déclarer toutes ces "denrées" comme étant… du poisson séché !!!

La disposition générale reste sensiblement identique d'un caveau à l'autre : une porte taillée verticalement dans le roc, un long couloir à étranglements successifs, flanqué de niches ou chapelles latérales, et une ou plusieurs chambres funéraires. La longueur des tombes dépasse toujours 100 mètres. Mais, rien n'attire plus l'œil du visiteur que les décors gravés ou peints sur les parois : ce sont des centaines de figures, serrées les unes contre les autres, se déroulant d'un bout à l'autre de la sépulture.

Si les images retraçant la vie et le service funéraire du défunt sont représentées dans son "Château des Millions d'Années", nom fréquemment donné aux temples funéraires de **Thèbes-Ouest**, la tombe, elle, se réserve toutes les représentations relatives au voyage de l'âme royale dans le monde infernal. Ces écrits, partiellement ou intégralement figurés, sont regroupés dans différents livres funéraires de rédaction plus ou moins ancienne.

Les **"Litanies du Soleil"** décrivent le dieu solaire, *Rê* : ses qualités, ses fonctions, ses attributs, sa nature, ses transformations, au nombre de soixante-quinze, que le souverain doit connaître pour pouvoir s'identifier à lui. Le **"Livre de l'Ouverture de la bouche"** expose les rites susceptibles de donner à la momie, comme à la statue du Double, le pouvoir de recevoir l'offrande et de s'en nourrir. Le **"Livre de ce qu'il y a dans l'Hadès"** et le **"Livre des Portes"** sont deux versions d'une même conception : l'identification du roi avec *Rê*. L'autre monde est divisé en douze domaines arrosés par le Nil infernal dont les rives sont peuplées de génies étranges symbolisant tous les maux dont le corps peut souffrir ; d'où ces représentations de reptiles armés de piques ou de couteaux. Sur le fleuve vogue la barque solaire avec, à son bord, le dieu *Rê* et d'autres divinités : le chacal *Apouaïou*, guide des chemins infernaux ; *Horus*, le crieur ; *Hathor*, la patronne de l'équipage ; le Double du dieu *Shou* ; *Hou*, le matelot ; *Sa*, le pilote ; le gardien ; le capitaine. Pour un domaine donné, les légendes annoncent le nom dudit domaine, le nom de l'Heure de Nuit qui y réside, le nom de son gardien, l'étendue réelle de son territoire, le nom des génies qui s'y trouvent, les paroles prononcées par le Soleil mort lorsqu'il y pénètre : qui connaît tous ces noms et toutes ces paroles peut s'unir au Soleil.

La tombe de Toutankhamon

Toutankhamon. Son seul nom fascine et, aujourd'hui, force est de constater qu'il symbolise, à lui seul, l'Égypte des Pharaons. Pourtant, rien ne prédestinait ce jeune homme à connaître un tel prestige. Souverain sans grande influence, garçon chétif et de faible constitution, *Toutankhamon* s'éteint à l'âge de dix-neuf ans, semble-t-il, dans l'indifférence générale : il avait régné quelques années à peine, alors que le pays se remettait difficilement des désordres liés au règne d'*Amenophis IV-Akhénaton*. En réalité, sa renommée lui vient de la découverte, par **Howard Carter**, de sa tombe inviolée.

La déesse Neith

La Vallée des Reines regroupe les sépultures creusées pour les épouses, les princesses et certains princes royaux du Nouvel Empire. Quelque quatre-vingts hypogées ont été mis au jour. Certains sont parfaitement identifiés, d'autres, comme celui-ci, sont encore anonymes car le nom du propriétaire a été martelé aux époques ultérieures. Dans un tabernacle, siègent deux babouins, accroupis dans une position des plus traditionnelles : en effet, le babouin est un symbole solaire et il est représenté en train de regarder le soleil du matin. En avant de la chapelle, se tient la déesse Neith coiffée de son emblème qui serait, dit-on, la représentation de deux arcs liés ensemble dans leur étui. Dans l'au-delà, elle veille, avec Isis, Nephtys et Selkis, sur les viscères du défunt.

Tombe anonyme, Vallée des Reines,
Thèbes-Ouest, Haute-Égypte.

Toutankhamon ne reposait pas dans son caveau d'origine. Sa mort prématurée oblige les hauts fonctionnaires de la nécropole à abandonner l'aménagement de sa propre tombe, située à l'extrême ouest de la **Vallée des Rois**, pour ensevelir le jeune roi dans un lieu prévu, au départ, pour le Divin Père *Ay*, son successeur direct. Depuis plusieurs années déjà, **Carter**, Chef de la mission privée de **Lord Carnavon**, soupçonnait l'existence de cette tombe. Quelques amulettes et objets divers, gravés au nom royal de *Toutankhamon*, incitaient l'archéologue anglais à fouiller entre les tombes de *Ramsès VI* et de *Ramsès IX* ; mais sans grande conviction.

Et, enfin, le 4 novembre 1922, il dégage une première marche taillée dans le roc, une deuxième, puis, une troisième… **Carter** vient de trouver la tombe de *Toutankh-amon*. D'emblée, il envoie un télégramme à son associé, **Lord Carnavon**, en ces termes : *"Avons enfin fait une découverte extraordinaire dans la Vallée : une tombe somptueuse dont les sceaux sont intacts ; l'avons refermée jusqu'à votre arrivée ; félicitations"*. Mais il ne sait encore si c'est bien du jeune *Toutankhamon* dont il s'agit. Quelques jours plus tard, cet espoir se transforme en certitude : *"J'ai Toutankhamon et je le crois… intact"*. Plus tard, **Carter** écrira ces quelques mots : *"L'ivresse s'était emparée de nous sans nous laisser un seul instant de réflexion, mais pour la première fois nous prenions conscience de nos responsabilités et de la tâche prodigieuse qui nous attendait. Ce n'était pas une découverte ordinaire, que l'on pût expédier en l'espace d'une saison ; il n'existait pas davantage de précédent qui nous indiquât comment procéder. L'entreprise dépassait le cadre de toute expérience passée, nous déroutait et, du moins en cet instant, elle était démesurée au regard de toute action humaine, quelle qu'elle fût"*.

En fait, comme tous les hypogées de la **Vallée des Rois**, celui de *Toutankhamon* avait été violé dès la XXᵉ dynastie. Heureusement, un fonctionnaire de la nécropole avait repéré ces incursions nocturnes et y avait rapidement mis un terme. Après avoir inventorié la tombe, il l'avait refermée en apposant ses propres sceaux sur les entrées. C'est alors que débutent les travaux d'excavation de la tombe de *Ramsès VI*, sa voisine immédiate. Par négligence, les gravats ne sont pas évacués, mais entreposés devant la tombe de *Toutankhamon*, rendant, au fil des temps, son entrée invisible. Et c'est ainsi que sombre dans l'oubli le plus total un caveau encore plein de toutes ses richesses.

La tombe ne présente que bien peu d'intérêt. Elle est de petite taille, composée de quatre pièces dont seule la chambre funéraire est décorée. L'escalier donne sur un long couloir en pente douce conduisant à une première salle, l'**Antichambre**, qui permet d'accéder, à gauche, à un petit entrepôt, l'**Annexe**, et, à droite, à la **Chambre funéraire**, elle-même desservie par une autre pièce, le **Trésor**. Toutes ces salles regorgeaient d'objets en tous genres, entassés les uns sur les autres dans le plus parfait désordre. En fait, on imagine assez mal comment une telle masse d'objets, aujourd'hui présentés au **Musée du Caire**, pouvait tenir dans ces seules quatre pièces. Et, en effet, le traitement de toutes ces merveilles va durer près de dix ans, pendant lesquels, sans relâche, **Carter** et son équipe inventorient, comptent, restaurent, dessinent, photographient, extraient, convoient… Ce sont, par centaines, des amulettes, des éléments de vaisselle, des **oushebtis**, des armes, des cannes, sceptres ou bâtons de commandement, des sièges, trônes, lits, coffres ou tables basses, des statuettes de divinités, des barques funéraires, des bijoux, parures, bracelets, broches ou pectoraux : le tout, en or, argent, électrum, pierres précieuses ou semi-précieuses, pâte de verre, albâtre, bois doré, ébène…

Arrive, enfin, ce moment tant attendu : **H. Carter** annonce la fin des travaux dans l'antichambre et l'ouverture imminente de la chambre funéraire. Nous sommes, alors, en 1923, le 17 février. Le frère de **Lord Carnavon** décrit la scène : *"On avait disposé des rangées de chaises dans la première chambre de la tombe, entièrement vidée à l'exception des deux statues du roi qui se tenaient à l'une des extrémités. Elles encadraient la porte scellée, au bas de laquelle une petite estrade en bois dissimulait le trou qu'ils avaient fait pour entrer la première fois. Ce pauvre Porch (**Carnarvon**) était nerveux comme un écolier pris en faute, il redoutait qu'on ne découvre qu'il y avait déjà un trou. Il était aussi, et quoi de plus naturel, très enflammé ; bien que se faisant une idée assez précise de ce qu'il y avait là-dedans, il n'a certainement pas pu s'empêcher de penser qu'il vivait l'un de ces grands moments que très peu de gens connaissent… Il a commencé par nous adresser un fort beau discours, concis et pertinent, dont l'essentiel consistait en remerciements… Puis ce fut au tour de Carter de prononcer un discours, pas très bon d'ailleurs, car il était nerveux et avait du mal à s'exprimer ; il a parlé de la science et des risques que couraient les objets découverts."*

Quant à **Carter**, il explique : *"... lorsqu'au bout de dix minutes j'eus fait un trou suffisamment grand, j'introduisis une lampe électrique. La lumière révéla un spectacle sidérant : là, à moins d'un mètre de la porte, aussi loin que portait le regard, obstruant le passage, s'élevait ce qui présentait toutes les apparences d'un mur en or massif... Nous nous trouvions sans conteste dans la chambre sépulcrale : ce qui se dressait au-dessus de nous était bien l'une des grandes chapelles dorées où reposent les rois. Cette construction était si vaste... qu'à l'exception d'un petit espace elle emplissait toute la chambre et n'était séparée des quatre murs que par une distance de cinquante centimètres, tandis que le toit, à la corniche ornée d'un tore, atteignait presque le plafond..."*

Quatre chapelles en bois plaqué d'or, emboîtées les unes dans les autres, recouvraient une cuve en quartzite, gravée de scènes funéraires. Dessous, trois cercueils de taille dégressive contenaient le corps du défunt. Les deux cercueils extérieurs étaient en bois doré, incrustés d'éléments en pâte de verre de toutes les couleurs et de pierres semi-précieuses. Quant au cercueil intérieur, il était en or massif, orné d'émaux fins et incrusté de pierres semi-précieuses, et pesait... 110 kilos. Tous trois représentaient *Toutankhamon* dans l'attitude d'*Osiris*, le sceptre **heqa** et le fouet croisés sur la poitrine. Le visage, enserré dans un **némès**, était pourvu de la barbe postiche divine et des emblèmes de Haute et de Basse-Égypte, la déesse cobra, *Ouadjet*, et la déesse vautour, *Nekhbet*. Enfin, apparaissait le roi, momifié, la tête prise dans un masque funéraire et un diadème, le corps orné de bijoux et de pectoraux, les extrémités couvertes de doigtiers ; le tout en or massif. Le dépouillement des bandelettes de la momie a permis de recenser près de cent cinquante amulettes travaillées dans les matériaux les plus nobles puis réparties sur le corps par souci de protection.

Dans la chambre du **Trésor**, se trouvaient les objets précieux ayant servi au culte funéraire : coffres à bijoux, petits **naos** contenant des statuettes de *Toutankhamon*, barques funéraires, statues de divinités et surtout le coffre à canopes enfermant les viscères du défunt. Il avait l'aspect d'un grand tabernacle en bois doré posé sur un traîneau. Sur les quatre faces, *Isis*, *Nephtys*, *Neith* et *Selkis* protégeaient le coffre, les bras largement ouverts et la tête tournée vers le côté. Il abritait un autre coffre, de moindres dimensions et en albâtre, avec aux angles, sculptées en relief, les quatre mêmes déesses funéraires. À l'intérieur, étaient disposés les quatre vases canopes en albâtre, fermés par un couvercle à l'effigie du roi. Chacun contenait un petit sarcophage en or, d'une trentaine de centimètres, renfermant les viscères momifiés de *Toutankhamon*.

L'**Antichambre** et l'**Annexe** recelaient des objets hétéroclites et désordonnés qui ne devaient pas se trouver à leur emplacement initial. Dans l'**Annexe**, même, tout était empilé, cassé, éventré, renversé... Le matériel avait sans doute été déplacé par des pilleurs puisque l'on sait que la tombe avait été violée dès le début de l'époque ramesside. Mais on ignore encore pourquoi les fonctionnaires de la nécropole n'ont pas jugé utile de remettre de l'ordre dans cette pièce, alors qu'ils l'ont consciencieusement fait dans les autres salles de la tombe. Lits, coffrets, chars démontés, sièges, chaises pliantes, petits trônes, tables basses et vases constituaient le mobilier funéraire. Figuraient également en grande quantité, des sceptres, des chasse-mouches, des instruments de musique, des arcs, des cannes, des chevets, des vêtements, des bijoux, des parures... Ils étaient, pour la plupart, en métal précieux, en bois doré ou en albâtre avec des incrustations d'ivoire, de lapis-lazuli ou de turquoise.

La Vallée des Reines

On l'appelait alors la "Place de Beauté". Aujourd'hui, l'oued le plus méridional de la nécropole thébaine porte le nom de **Biban el-Harim**, les "Portes des Reines" et, plus couramment, la **Vallée des Reines**. En son sein, sont creusées les tombes des épouses et des princesses royales de l'époque ramesside, ainsi que celles des fils de *Ramsès III*, morts en bas âge. À ce jour, quelque quatre-vingts tombeaux ont été recensés, mais l'étude systématique de cette vallée reste inachevée et il se pourrait parfaitement que les recherches en cours révèlent l'existence d'hypogées inconnus.

Naturellement, ces sépultures ne témoignent pas toutes du même intérêt : certaines ne sont que de vagues excavations, soit anépigraphes soit inachevées, ou sont terriblement dégradées à cause de l'humidité souterraine ou d'incendies volontaires. Les autres peuvent compter parmi les chefs-d'œuvre de l'Égypte antique tant reliefs et peintures sont bien conservés. De tous ces tombeaux, le plus remarquable est certainement celui de l'épouse de *Ramsès II*, la reine *Néfertari*.

Depuis bien des années, d'incessantes infiltrations d'eau et des mouvements de terrain menaçaient la conservation des peintures intérieures. Alertées par le Service des Antiquités, des missions étrangères ont donc exécuté la restauration et l'isolement complet de la tombe, longtemps fermée au public. Les décors présentent *Néfertari*, vêtue d'une longue robe en lin translucide et coiffée de la couronne de la déesse *Mout*, adorant les divinités du panthéon égyptien : *Osiris, Horus, Horakhty, Isis, Nephtys, Hathor, Maât, Ptah*… Toutes ces scènes, peintes avec le plus grand soin, témoignent encore d'une exceptionnelle fraîcheur de coloris et d'une élégance rare.

Deux autres tombes méritent une attention particulière : celles des enfants royaux **Amenherkhopshef** et **Khâemouaset**, deux fils de *Ramsès III* morts dans l'enfance. L'une comme l'autre se distinguent par une remarquable conservation des reliefs, peints dans des couleurs fraîches et vives. Ici, c'est Pharaon lui-même qui conduit ses enfants devant les génies, gardiens des régions infernales et souterraines. De même, il les présente aux divinités funéraires ou aux protecteurs des vases canopes, les **quatre fils d'Horus** : *Amset, Hapi, Khebeh-Senouf* et *Douamoutef*. Sur les murs des salles annexes et dans les couloirs, figurent divers extraits du **"Livre des Portes"**, naïvement illustrés à cause du jeune âge du propriétaire de la tombe.

Les tombes royales de Tanis

Les sépultures découvertes par **Pierre Montet** en 1939 à **Tanis**, au sud du Temple d'*Amon*, appartiennent aux rois et hauts dignitaires des XXIe et XXIIe dynasties et relèvent d'un type original, apparu à la Basse Époque : celui des "tombes dans la cour du temple". Les six tombeaux connus sont souterrains et, en grande partie, élevés avec des blocs de calcaire réutilisés. Certains sont composés d'antichambres, d'annexes et de chambres funéraires enveloppées par des blocs de granite. D'autres possèdent un puits précédant le caveau. D'autres encore ne comptent qu'une seule chambre. Les deux premiers tombeaux ont servi de tombes familiales. Ainsi, l'installation prévue pour *Psousennès Ier* a été conçue, non seulement pour accueillir le roi, mais également, son épouse *Moutnedjemet*, ainsi que le haut dignitaire **Oundebaounded**. Le fils royal **Ankhefenmut** a été déposé dans une pièce latérale du tombeau ; plus tard s'y installent les pharaons *Aménémopé* et *Chéchonq II*, lequel a été enterré dans l'antichambre, dans un superbe cercueil en argent à tête de faucon. Dans la sépulture d'*Osorkon II* ont été placés, derrière le sarcophage de son père, son fils aîné, le Grand Prêtre d'*Amon* **Hornakht**, et, dans une chambre annexe, *Takelot II* ; dans le caveau de *Chéchonq III* se trouvaient quelques bribes du matériel funéraire de *Chéchonq Ier*, dont la tombe demeure inconnue à ce jour. En somme, bien des incertitudes persistent… qui ne permettent pas encore de déterminer avec précision l'aménagement réel de cette nécropole.

Les parois des chambres funéraires présentent des scènes relatives au voyage du souverain dans l'au-delà ainsi que des inscriptions invoquant *Ptah-Sokaris*, le dieu

La tombe de Ramsès VI

Le plus grand intérêt de la tombe du pharaon Ramsès VI réside dans les représentations astronomiques figurées, en jaune et bleu, sur les plafonds des salles. Elles retracent les voyages nocturne et diurne du soleil, tous deux divisés en douze heures. Le roi effectue ce périple aux côtés de la barque solaire et de son équipage et participe aux travaux des dieux dans leur lutte contre les mauvais génies ou contre le grand serpent Apopis. Des légendes écrites en hiéroglyphes indiquent, au commencement des scènes, l'heure dans laquelle on se trouve, les noms des sujets qui y habitent, les formules à prononcer lorsqu'on les croise…

Tombe 9 de Ramsès VI, Vallée des Rois,
Thèbes-Ouest, Haute-Égypte.

solaire *Rê-Horakhty*, *Osiris*, la triade thébaine ou, même, *Aton*, le disque solaire par excellence. Seulement, toutes ces représentations ne proposent qu'un résumé très partiel des livres funéraires royaux traditionnels, tels que nous les connaissons dans la **Vallée des Rois**, par manque de place sans doute puisque les caveaux sont de petite taille, mais également à cause de l'évolution constante des croyances relatives à la vie après la mort.

La sépulture de *Psousennès I*^{er} était intacte : elle avait, de tous temps, complètement échappé aux pilleurs de tombes. Trois sarcophages, contenus les uns dans les autres, renfermaient le corps du roi : le premier, en granite rouge, appartenait à *Merenptah* ; le deuxième, en granite noir, était celui d'un fonctionnaire de la XIXe dynastie ; le troisième, en argent, figurait le roi en *Osiris*. Le caveau d'*Aménémopé* contenait, lui aussi, un bel ensemble funéraire avec, notamment, un masque en or pur, assez remarquable par la douceur du modelé du visage. Des momies, en revanche, il ne restait plus que les os. L'équipement, les vases entre autres, ainsi que les parures en argent, en or ou en bronze, portaient différentes dédicaces émanant de membres de la famille royale ou de dignitaires locaux mais, aussi, de prêtres thébains d'*Amon*, prouvant, malgré la séparation des pouvoirs entre la Haute et la Basse-Égypte, une certaine cordialité des relations entre **Tanis**, au nord, et **Thèbes**, au sud.

LES TEMPLES, RÉCEPTACLE DU DIVIN

Temples de culte et temples funéraires

À l'origine, temples divins et temples funéraires sont deux structures bien distinctes qu'il ne faut, en aucun cas, confondre. Le temple divin est la "demeure du dieu", l'endroit même où se maintient la création grâce à l'inlassable activité des dieux. En revanche, la vocation du temple funéraire est de permettre, par l'intermédiaire de rituels divers et de dons d'offrandes, la survie du défunt. Au cours du Nouvel Empire, ces deux entités vont, sans se confondre totalement, du moins s'assimiler : les "Châteaux des Millions d'Années", temples funéraires des rois des XVIIIe, XIXe et XXe dynasties, sont édifiés dans l'esprit d'associer la destinée surhumaine de Pharaon à celle des dieux et, plus particulièrement, au génie personnel d'*Amon*. Ainsi, quoi de plus naturel que d'élever des édifices dont la structure et la décoration rappellent celles du temple d'*Amon* lui-même.

Organisation des temples de culte

En Égypte, l'existence des temples divins remonte aux époques les plus anciennes ; en témoignent les nombreuses fondations d'édifices religieux retrouvées le long de la Vallée du Nil. Malheureusement, les rares vestiges de l'Ancien et du Moyen Empire ne nous permettent pas de déterminer avec précision l'aspect des temples de ces périodes reculées. Une telle situation s'explique par l'utilisation intensive de brique crue pour construire ces édifices, matériau qui n'a pas toujours résisté au temps, et par le remploi assez systématique des blocs en matériau noble, calcaire, granite ou autres, aux époques ultérieures. Seuls le temple solaire d'**Abou Gorab** de la Ve dynastie et le kiosque de *Sésostris Ier* à **Karnak** nous sont parvenus. En revanche, les ensembles cultuels, édifiés du Nouvel Empire jusqu'à la fin de l'Égypte romaine, nous donnent une idée assez précise de l'organisation des temples.

Les exemples sont très nombreux ; même si les structures paraissent parfois différentes, l'idée conductrice reste toujours sensiblement identique. Une petite chapelle contient un tabernacle en pierre, le **naos**, dans lequel sont conservées l'image du dieu et sa barque portative destinée à promener la statue divine les jours de processions et de fêtes. Tout autour, s'organisent quantité de salles consacrées au culte des dieux secondaires invités, pour un temps, dans l'enceinte du temple. D'autres chambres latérales servent de sacristies ou de magasins et renferment étoffes, bijoux et objets nécessaires au culte. En avant de cet ensemble, de plus en plus vastes et de plus en plus lumineuses au fur et à mesure que l'on s'éloigne du sanctuaire, se succèdent des salles, dont le nombre est variable selon la taille du temple, les plus extérieures étant hypostyles, au plafond supporté par des colonnes, et conduisant à la cour meublée de statues et d'autels, voire de petits sanctuaires. Le pylône, entrée monumentale composée de deux hauts massifs de pierre, permet d'accéder à la cour. En annexe, s'élèvent d'autres constructions : le **lac sacré**, la Maison de vie, le puits, les locaux d'habitation pour le personnel religieux et les magasins du temple. Le tout est enfermé dans une enceinte en brique percée de portes et précédée d'une allée bordée de sphinx : le **dromos**.

Le culte divin traditionnel se déroule comme toute vie humaine. À l'aube, après s'être purifiés, les prêtres ouvrent le temple et préparent la nourriture prévue pour la divinité. Puis, commence la cérémonie de "l'éveil du dieu" : le Grand Prêtre ouvre le **naos** scellé, tout en récitant les chants et les paroles du matin. Le repas, composé de viande, pains, légumes et fruits divers, bière et vin, est placé devant la divinité puis les officiants se retirent pour la laisser "déjeuner". Lorsque la matière invisible de ces aliments aura été consommée par le dieu, les offrandes seront déposées sur les autels des divinités secondaires.

Les fenêtres à claustra du temple de Karnak

Dédié à Amon, le dieu de l'Empire, le grand temple de Karnak est l'œuvre architecturale la plus colossale jamais construite en Égypte. Ce sont deux axes différents, dix pylônes, des chapelles, cours, entrepôts, magasins par dizaines ; le tout implanté dans un vaste espace délimité par une enceinte. En fait, sa conception répond à une série d'aménagements successifs puisque, pendant près de deux mille ans, du Moyen Empire à l'époque gréco-romaine, les souverains n'ont cessé d'agrandir et d'embellir le sanctuaire. Ici, nous sommes dans la grande salle hypostyle, entre les pylônes II et III, dont la construction remonte aux XVIIIe et XIXe dynasties. S'y dressent douze colonnes centrales, d'une hauteur de plus de 23 mètres, ainsi que cent vingt-deux colonnes latérales moins élevées d'un tiers. Cette différence de hauteur est récupérée par un système très subtil de fenêtres à claustra - sortes de grilles en pierre à barreaux faiblement espacés - qui permet une diffusion contrôlée de la lumière dans la salle.

Temple d'Amon, Karnak, Thèbes-Est, Haute-Égypte.

Puis elles seront ramenées dans les ateliers où les prêtres se les partageront et s'en nourriront. Au repas, succède la toilette : la statue est alors lavée, vêtue de neuf, parée et parfumée. Un atelier de tissage, établi dans l'enceinte du temple, se consacre à la fabrication des vêtements en lin du dieu, conservés dans la "salle des étoffes" attenante au sanctuaire. Dans le "trésor", sont rangés ses bijoux : pectoraux, sceptres, bracelets, sistres, couronnes et coiffes. Enfin, le Grand Prêtre ferme le **naos** tout en prononçant la formule rituelle : *"Qu'aucun être maléfique ne pénètre dans ce sanctuaire"*. À midi, le service, beaucoup plus rudimentaire, consiste en aspersions d'eau et fumigations d'encens, mais ne prévoit pas de repas. L'office du soir, au coucher du soleil, répète les cérémonies du matin. La statue est alors replacée dans son **naos**, verrouillé et scellé jusqu'au lendemain. Pour les fêtes, on observe un service plus complexe et plus solennel comportant, bien souvent, une petite promenade de l'effigie du dieu sur le **lac sacré**, à bord de la barque divine.

Le temple d'Amon à Karnak

L'avènement de la XVIIIe dynastie se distingue par l'importance nouvelle du dieu *Amon-Rê*. Il était déjà dieu de **Thèbes** alors que la ville n'était qu'une insignifiante bourgade. Mais à partir du Moyen Empire, il gagne en renommée, en puissance et en influence. Lorsque **Thèbes** devient capitale officielle du Nouvel Empire, il se transforme en dieu national et dynastique, en dieu universel et créateur. Les théologiens l'associent en triade à la déesse *Mout* et au dieu enfant *Khonsou*. Pendant tout le Nouvel Empire, et jusqu'à la fin de la période gréco-romaine, on leur construit des sanctuaires à travers tout le pays, mais aucun d'entre eux ne peut supporter de comparaison, ni avec celui de **Karnak**, ni même avec celui de **Louqsor**.

L'ascension de **Thèbes** développe la richesse et l'influence d'*Amon* de façon telle que le grand temple de **Karnak** devient un sanctuaire national auquel les pharaons font d'incessantes donations. Son clergé jouit alors

d'un pouvoir considérable et, très rapidement, son chef, le Grand Prêtre, acquiert une importance comparable à celle des plus hauts administrateurs du pays : il est à la tête de domaines divins immenses, incontrôlables par la royauté. Les conquêtes drainent vers l'Égypte un butin énorme rapporté par l'armée victorieuse et issu des tributs payés par les pays vaincus. Pour la majorité, ces richesses sont offertes à *Amon* en gage de remerciement et ses temples finissent par devenir de grandes puissances économiques.

Contrairement à d'autres sanctuaires, le temple de **Karnak** ne relève pas d'un plan uniforme car il témoigne d'une activité constante pendant plus de deux mille ans, du Moyen Empire à l'époque romaine. En fait, il s'agit d'une multitude d'édifices différents, greffés les uns aux autres au fil des siècles. Par conséquent, l'agencement du temple reste assez complexe. Trois ensembles, entourés chacun d'une enceinte, composent ce grand centre cultuel : le temple de *Montou*, le temple d'*Amon* et le temple de *Mout*, relié au domaine d'*Amon* par un **dromos**.

L'expansion de **Karnak** répond à une logique bien naturelle : autour du sanctuaire primitif de la XIIe dynastie, sont venus se greffer toutes sortes de bâtiments, cours et pylônes, chaque ensemble rajouté correspondant à une phase d'agrandissement du temple et chaque souverain construisant en avant de ses prédécesseurs. On pénètre donc dans le temple par les parties les plus récentes et, en avançant, on remonte les siècles et la chronologie pour aboutir au sanctuaire du Moyen Empire.

Le temple d'*Amon* comprend deux grands axes : un axe est-ouest avec six pylônes numérotés de I à VI ; un axe nord-sud avec quatre pylônes numérotés de VII à X. Cette numérotation, bien que nécessaire, est fictive et ne tient pas compte de la chronologie car elle suit l'ordre de visite du temple : par exemple, d'est en ouest, le pylône I est le plus récent, le pylône VI le plus ancien. Outre ces grands ensembles, l'enceinte d'*Amon* englobe principalement un temple dédié au dieu enfant *Khonsou* et un **lac sacré** pour les promenades en barque du dieu.

Ouadi es-Seboua

Aujourd'hui, il se dresse sur les rives sablonneuses du Lac Nasser, mais il ne se trouve pas sur son site d'origine puisqu'il fait partie des quelques temples de Nubie déplacés, par les soins de l'UNESCO, à l'occasion de la construction du Grand Barrage d'Assouan. En arabe, Ouadi es-Seboua signifie la "Vallée des Lions", en référence au dromos de sphinx, coiffés de la couronne de Haute et de Basse-Égypte, qui précède l'entrée du temple. Cet édifice, dédié à Amon-Rê et à Rê-Horakhty, deux divinités solaires, remonte au règne de Ramsès II et, malgré son emplacement en territoire nubien à environ 140 kilomètres au sud d'Assouan, s'inscrit dans la plus pure tradition pharaonique.

Temple de Ramsès II,
Ouadi es-Seboua, Nubie.

Le pylône I donne sur une vaste cour dans laquelle se trouvent différentes entités cultuelles totalement indépendantes : au centre, les ruines d'un kiosque gigantesque édifié par *Taharqa* à la XXVe dynastie ; sur les côtés, un reposoir de barques de *Séthi II* et un sanctuaire de *Ramsès III*, tous deux intégrés au temple lors de la construction de la cour. Au fond, se dresse le pylône II, détruit par un tremblement de terre des premiers siècles de notre ère. Il était composé de pierres provenant de onze bâtiments distincts, notamment quelques milliers de **talatates**, blocs grossiers utilisés dans les constructions d'*Akhénaton*.

On pénètre alors dans la grande salle hypostyle qui offre, sans aucun doute, un des plus étonnants spectacles qu'il soit donné de voir : elle mesure 102 mètres de large

ser filtrer la lumière. Cette salle a été construite en plusieurs étapes. Les douze colonnes centrales remontent au règne d'*Amenophis III* ; les colonnes latérales et le pylône II sont attribués à *Horemheb*. Les décors, commencés par *Ramsès Ier*, ont été repris par *Séthi Ier* et par *Ramsès II*, puis complétés par *Ramsès IV*. Les scènes présentent le roi devant les divinités du panthéon égyptien, participant à des processions ou à des cérémonies cultuelles.

Le pylône III, construit sous *Amenophis III*, ferme la grande salle hypostyle. Le bourrage des deux massifs a livré quelque mille trois cents blocs appartenant à treize bâtiments différents, dont le kiosque de *Sésostris Ier* et le reposoir en albâtre d'*Amenophis Ier*, aujourd'hui présentés dans le Musée de plein air de **Karnak**. Se succèdent ensuite vestibules et pylônes, tous très endommagés. Au cœur de ces aménagements successifs, culmine un des deux obélisques dressés par la reine *Hatchepsout* à l'occasion de son jubilé. Il mesure plus de 30 mètres de haut et passe pour être un des plus beaux d'Égypte. La tradition veut que, à peine monté sur le trône, *Thoutmosis III* fasse entourer les deux monolithes d'un coffrage en bois ou d'une maçonnerie pour ne plus les voir. Ceci explique peut-être l'excellent état de conservation de ces pièces.

Le pylône VI donne sur une cour conduisant à une salle en granite, improprement appelée **"Sanctuaire de Philippe Arrhidée"**, qui servait de reposoir de barques. Du **"saint des saints"**, de la partie essentielle du temple, il ne reste plus rien, ni arasements, ni même substructures. Donc, aujourd'hui, on traverse un espace presque vide pour atteindre le dernier ensemble de constructions qui remonte à l'époque de *Thoutmosis III*. Situées à l'extrémité de l'axe est-ouest, la **"Salle des Fêtes"**, l'**"Akh Menou"** des Égyptiens, et ses multiples dépendances forment un ensemble à part encore très bien conservé. On pénètre par une salle hypostyle encore couverte, entourée de piliers et traversée par deux rangées de colonnes. Sur les parois, les scènes rituelles représentées, si elles ne sont pas toujours très originales, se distinguent par leur qualité de facture et, malgré les ravages dus à la transformation de cet espace en église au VIe siècle, les reliefs portent encore de belles traces de peinture. Au fond, vingt-quatre portes, percées dans l'épaisseur de la maçonnerie, desservent des salles et des annexes. La célèbre **"Chambre des Ancêtres"**, aujourd'hui conservée au **Musée du Louvre**, provient de cet endroit. *Thoutmosis III* y est figuré, faisant des offrandes devant cinquante-sept rois considérés comme étant ses prédécesseurs.

sur 53 mètres de profondeur et s'y dressent cent trente-quatre colonnes monumentales. Les douze colonnes centrales possèdent des chapiteaux papyriformes ouverts et, en cet endroit, élèvent le plafond à 23 mètres de hauteur. Les cent vingt-deux colonnes restantes sont moins élevées d'un tiers, cette différence de hauteur étant récupérée par des fenêtres, dites **à claustra**, imaginées pour lais-

L'île de Philae

Construit au cours de l'époque gréco-romaine sur une île située aux environs d'Assouan, le sanctuaire de Philae regroupe divers édifices dont le plus célèbre est dédié à la déesse Isis, l'épouse d'Osiris. Son culte, un des plus populaires à travers l'Égypte, a longtemps résisté au christianisme. On dit que l'île de Philae était encore active alors que tous les autres sanctuaires de la Vallée du Nil avaient fermé leurs portes depuis bien des années. En fait, c'est l'Empereur romain Justinien qui, en 551 après notre ère, condamne définitivement le temple d'Isis ; ainsi, après plus de trois mille cinq cents ans de vie, la civilisation pharaonique tombe dans l'oubli, tout comme son support d'expression, l'écriture hiéroglyphique.

Temple d'Isis et ses annexes, Philae, Haute-Égypte.

L'axe nord-sud vient se greffer sur l'axe est-ouest au niveau des pylônes III et IV. Quatre pylônes, séparés par des cours et autrefois reliés entre eux par des murs, se succèdent en direction de l'enceinte de *Mout*. En avant du pylône VII, remaniement attribué à *Thoutmosis III*, se trouve une cour, surnommée la **"Cour de la cachette"**, en référence à l'étonnante découverte, sous son dallage, de multiples objets : près de huit cents statues en pierre, mille sept cents statuettes en bronze et plusieurs milliers d'ex-voto ; le tout est présenté au **Musée du Caire**.

Le temple de Louqsor

De toutes les cérémonies officielles célébrées en l'honneur de la triade thébaine, la plus fantastique, puisqu'elle a suscité à elle seule la construction d'un sanctuaire annexe, est la **Fête du Nouvel An** ou **Fête d'Opet**. Dans la région thébaine, ce lieu de culte auxiliaire correspond au temple de **Louqsor** ; dans le reste du pays, on parle du temple d'**Amon d'Opet**. Cette cérémonie avait lieu le second mois de la crue. La triade divine, transportée sur des barques, remontait le Nil de **Karnak** à **Louqsor**. Au milieu d'une foule en liesse, vingt-quatre prêtres portaient *Mout* et *Khonsou* sur leurs barques respectives, tandis que trente porteurs amenaient *Amon*. Pharaon prenait place dans la barque du dieu. Des haleurs tiraient les bateaux puis ils accostaient au milieu d'une nuée de gens, psalmodiant des prières jusqu'à ce que le cortège arrive à bon port. Les dieux restaient dix jours à **Louqsor** et le retour s'accompagnait des mêmes manifestations.

Pour saisir l'importance du culte d'*Amon* au Nouvel Empire, il suffit de contempler le temple de **Louqsor**, construit dans l'esprit de n'être utilisé que dix jours par an. Situé sur la rive est du fleuve, le temple de **Louqsor** était alors appelé la **"Résidence du Sud"**, en référence à la **Fête d'Opet** qui s'y déroulait chaque année. Il semble avoir fonctionné pendant plus de mille ans, jusqu'à ce qu'il se transforme en camp romain ; d'où son nom actuel de **Louqsor** : **el-Qasr** signifie "camp" ou "château" en arabe. Contrairement à **Karnak**, constamment remanié, **Louqsor** n'est principalement l'œuvre que de deux souverains : *Amenophis III* et *Ramsès II* ; même si parfois certains pharaons ont apposé, ici ou là, leurs cartouches ou tout autre élément décoratif de moindre importance.

Le plan initial est assez classique : au départ, l'architecte en chef, **Amenhotep fils de Hapou**, prévoit un sanctuaire et une salle hypostyle, l'entrée s'effectuant par une porte monumentale percée au nord. Puis, il ajoute la cour entourée par un portique et précédée d'un pylône. En avant de cet ensemble, il construit une double rangée de sept colonnes fermée par un deuxième pylône, l'entrée s'effectuant désormais par l'est. *Toutankhamon* reprend le chantier de **Louqsor**, mais sa mort prématurée ne lui permet que de poursuivre la décoration de la colonnade

---

Kom Ombo

À 50 kilomètres au nord d'Assouan, se dresse le petit temple de Kom Ombo dont la conception particulière répond à une exigence religieuse. En effet, ce lieu de culte a été construit pour y honorer deux divinités bien distinctes : Haroéris, "Horus le Grand", dieu solaire et guerrier chargé d'exterminer les ennemis de Rê ; Sobek, le dieu crocodile chargé de protéger les hommes contre les puissances hostiles peuplant les marais. Ici, seules l'entrée et la première cour sont totalement communes aux deux cultes. Ensuite, l'espace et les passages conduisant au "saint des saints" sont dédoublés selon deux axes parallèles : la moitié nord est dédiée à Haroéris ; la moitié sud à Sobek. Tel qu'il se présente aujourd'hui, le sanctuaire remonte à l'époque gréco-romaine mais, comme de coutume, il a remplacé un bâtiment plus ancien, du Nouvel Empire selon toute vraisemblance, et de proportions moindres.

Temple de Sobek et d'Haroéris, Kom Ombo, Haute-Égypte.

restée inachevée par son prédécesseur. Il faut attendre le règne du pharaon bâtisseur, *Ramsès II*, pour voir apparaître de nouvelles transformations. En avant de la colonnade, il ajoute une nouvelle cour à portiques, légèrement déviée vers l'est en raison du cours du Nil, précédée d'un haut pylône, lui-même précédé de six statues colossales et d'une paire d'obélisques de 23 et de 25 mètres de haut.

Tous deux ont été offerts à la France en 1831. **Mehemet Ali** voulait, par ce geste, rendre hommage à **Champollion** qui venait d'éclaircir le mystère des hiéroglyphes. Seul celui de l'ouest, le plus petit, a été transporté par les soins de l'ingénieur **Lebas** et dressé à **Paris**, Place de la Concorde, en 1836. En 1980, la France a définitivement renoncé à ses droits sur le deuxième obélisque.

Le temple de Tanis

Après l'étude des temples de **Karnak** et de **Louqsor**, il semble toujours assez difficile d'aborder sereinement celle du site de **Tanis**. En effet, rien de semblable ici, où tout n'est que ruines, chaos de blocs, colonnes et obélisques tombés à terre depuis bien longtemps. En fait, la renommée de **Tanis** vient de la découverte, en 1939, de la nécropole royale et de son riche mobilier funéraire.

La ville de **Tanis**, la **Zo'an** de la Bible, est située dans le nord-est du Delta. Son histoire commence avec la XXIe dynastie et se prolonge jusqu'à l'époque romaine. La Troisième Période Intermédiaire se caractérise par un dédoublement du pouvoir : Haute-Égypte gouvernée par les Grands Prêtres d'*Amon* ; Basse-Égypte gouvernée par les pharaons qui installent leur capitale à **Tanis**, la **Djanet** des anciens Égyptiens. C'est donc à cet emplacement que *Psousennès Ier* et ses successeurs se vouent à l'édification d'un temple consacré à la triade thébaine : *Amon*, *Mout* et *Khonsou*. La ville de **Tanis** a été redécouverte au XIXe siècle par F. **Petrie** et directement mise en relation avec **Avaris**, la capitale hyksôs, et **Pi-Ramsès**, la capitale ramesside, en raison des nombreux blocs provenant de ces deux sites et retrouvés à **Tanis**. Certes, l'interprétation de cette ville est très compliquée. Sur le terrain, ne subsistent que des vestiges en granite d'époque hyksôs ou ramesside : ce sont les fondations du sanctuaire construit par les souverains de la XXIe dynastie qui n'ont jamais hésité à piocher, à **Pi-Ramsès** et à **Avaris**, villes situées à quelques dizaines de kilomètres de là, les matériaux dont ils avaient besoin. En revanche, le temple lui-même était en calcaire et venait se poser sur ces fondations. Malheureusement, il n'en reste quasiment rien à cause de la destruction presque systématique par les fabricants de

Les temples ptolémaïques

Aucun temple égyptien n'est aussi bien conservé que celui d'**Edfou**, dédié à *Horus* : il est presque intact et donne l'illusion d'un monument de construction récente. À ce titre, son étude reste primordiale car il offre l'archétype du temple égyptien, tant dans son organisation architecturale que dans le contenu des décors religieux gravés sur les parois des salles. Cependant, il semble assez difficile de considérer cet édifice comme un exemple absolu, car il ne faut surtout pas perdre de vue qu'il s'agit d'une construction ptolémaïque, donc tardive, et, de manière parfaitement logique, la structure du temple a dû beaucoup évoluer depuis la XVIIIe dynastie. De par sa taille, c'est un des centres religieux les plus imposants de la Vallée du Nil : 36 mètres de hauteur de pylône, 79 mètres de large et 137 mètres de long. Mais sa caractéristique essentielle reste l'harmonie de son plan car, fait très rare, il a été construit d'un seul tenant, entre 237 et 57 avant J.-C.

Les temples ptolémaïques présentent des particularités, probablement inexistantes aux époques antérieures, apparues avec les rois grecs. Le plan de base devient parfaitement clair. On accède au temple par un pylône donnant dans une cour entourée d'un portique. Se succèdent alors salles hypostyles et vestibules conduisant au sanctuaire entouré par des chapelles. Le tout est compris dans un mur d'enceinte en grès qui enserre le temple, ne laissant au passage qu'un espace étroit. Tout s'organise pour que le **naos**, où repose la statue divine, soit la salle la plus centrale, la plus étroite, la plus basse de plafond et la plus élevée de sol, donc, logiquement, la plus sombre. L'architecture s'alourdit d'éléments inutiles et superflus qui rendent les constructions massives : chapiteaux composites, architraves imposantes, gorges développées… Les décors présentent des thèmes issus de l'iconographie royale traditionnelle, mais, de plus, figurent quantité de scènes relatives aux cosmogonies et au fonctionnement pur du culte, depuis les services journaliers jusqu'aux cérémonies plus solennelles. L'époque grecque se caractérise par nouvelle organisation des reliefs et des textes sur les parois : désormais les registres, clairs et droits, sont délimités par des colonnes de textes compartimentées et ordonnées. Les personnages acquièrent une silhouette totalement différente : à la platitude des formes, succède une rondeur très inhabituelle ; vêtements et couronnes s'enrichissent de motifs, à vocation ornementale et non plus symbolique, puisés dans l'iconographie religieuse et funéraire.

chaux, appelés chaufourniers, des fragments en calcaire du site. Donc, nous sommes face à un sanctuaire de la Troisième Période Intermédiaire dont ne subsistent que les seules fondations, entièrement construites avec des matériaux de remploi inscrits au nom de *Ramsès II* : la confusion avec **Pi-Ramsès** était évidente.

Il reste peu de chose du règne de *Psousennès Ier*, si ce n'est l'énorme enceinte de briques crues qui entourait le site et le noyau du grand temple d'*Amon*. La porte monumentale et l'essentiel des constructions du sanctuaire datent de la XXIIe dynastie mais il est très difficile, aujourd'hui, d'en retrouver la trace. En effet, l'œuvre des souverains de la XXXe dynastie puis celle des *Ptolémées* n'a fait qu'estomper le souvenir des fondateurs puisque tous deux ont remodelé totalement le site, soit en aménageant de nouveaux lieux de culte, soit en transformant les bâtiments existants en fonction des nouvelles croyances.

Le temple d'Edfou

C'est une des plus belles œuvres recensées le long de la Vallée du Nil. Grâce à son excellent état de conservation, ce temple nous permet de déterminer la structure traditionnelle des édifices cultuels à l'époque ptolémaïque. Sa construction, commencée en 237 avant J.-C. sous le règne de Ptolémée III, s'achève quelque cent quatre-vingts ans plus tard, soit en 57 avant J.-C., très exactement le 5 décembre si l'on en croit la dédicace inscrite sur une des parois. Sur le pylône monumental permettant d'accéder au sanctuaire, figure Ptolémée XII présentant au faucon Horus une poignée d'ennemis qu'il frappe de sa massue. La partie supérieure montre Pharaon faisant des offrandes aux divinités de l'Empire, sagement assises les unes derrière les autres.
Temple d'Horus,
Edfou, Haute-Égypte.

Pages suivantes
Le pylône de Philae

L'entrée de tous les temples est marquée par une porte monumentale, appelée pylône, constituée de deux hauts massifs de forme trapézoïdale organisés autour d'une ouverture basse. L'axe des bâtiments a été calculé de manière à ce que, le matin, le soleil apparaisse en premier dans l'espace aménagé entre les deux massifs de pierre. Cette disposition doit rappeler, chaque jour, un épisode fondamental de la création du monde qui explique comment, aux origines, le dieu solaire a émergé du chaos, le Noun, pour se poser sur une butte de terre, le tertre primordial. Généralement, la décoration des massifs présente une scène montrant Pharaon en train de massacrer des captifs devant des divinités. Le pylône du temple d'Isis n'échappe pas à cette règle : ici, le roi héros est Ptolémée XII ; les divinités auxquelles il s'adresse sont Isis, Hathor et Horus.
Temple d'Isis,
Philae, Haute-Égypte.

Fonctions des temples funéraires

Toute sépulture fonctionne avec une chapelle où se font les rites essentiels destinés à assurer la survie. Mais, de manière évidente, temples funéraires privés et royaux n'ont en commun que le nom : petites chapelles pour les premiers ; grands temples dignes des personnages qu'ils desservent pour les seconds. Au départ, alors que Pharaon se fait enterrer dans une pyramide, le temple funéraire apparaît comme un bâtiment annexe, de dimensions réduites, accolé à la tombe du souverain. Cette impression est renforcée par le manque d'informations sur le sujet, puisque bien peu de ces temples nous sont parvenus. Mais leur fonction est très précise : on y récite litanies et rituels, on y dépose offrandes et cadeaux pour que survive le roi. À partir du Nouvel Empire, Pharaon se fait enterrer dans l'épaisseur de la falaise libyenne, à l'emplacement nommé **"Vallée des Rois"**, et se fait édifier, au bord du désert occidental de **Thèbes**, un temple des plus grandioses, flanqué de résidences et pourvu de propriétés spacieuses. On dit de ces bâtiments que ce sont des édifices funéraires destinés à desservir les hypogées royaux et, en effet, le roi ainsi que les principales divinités funéraires y possèdent au moins une chapelle. Mais on y voit également, représentés sur les parois, les grands dieux de l'Empire : *Amon*, notamment, ainsi que d'autres divinités dont la personnalité première n'a aucun rapport avec l'au-delà. Il est peut-être nécessaire d'y voir une volonté d'associer la destinée de Pharaon à celle des dieux afin d'affirmer son identification au dieu *Amon-Rê*, éminente manifestation de l'astre solaire.

Temples et cultes funéraires répondent à une logique particulière et assez compliquée. En Égypte, contrairement à ce que l'on voit bien souvent, ce ne sont pas les vivants qui ont à redouter les morts, mais plutôt les morts qui dépendent des vivants. En effet, la mort n'est qu'une

appelés "Châteaux des Millions d'Années", installés aux franges du désert ou dans les cirques rocheux. La plupart des rois des XVIIIe, XIXe et XXe dynasties se sont fait construire un sanctuaire aux abords de la nécropole : certains d'entre eux n'existent plus, par négligence ou par remploi des matériaux de construction, d'autres figurent parmi les chefs-d'œuvre de l'architecture égyptienne.

Deir el-Bahari, le **"Couvent du Nord"**, en référence au monastère installé à l'époque chrétienne dans ses murs, est construit au pied de la falaise occidentale, à l'aplomb d'un cirque rocheux avec lequel le temple de la reine *Hatchepsout* semble faire corps. Aucun édifice ne s'intègre aussi parfaitement à son environnement naturel et c'est, sans doute, le monument le plus remarquable de toute la nécropole par le choix de son emplacement, la perfection de ses proportions, l'originalité de son plan et la finesse de ses reliefs gravés sur un calcaire très pur.

Élaboré par l'architecte **Senenmout**, il s'étage en terrasses reliées par une rampe centrale et bordées de portiques décorés de bas-reliefs. Le temple était dédié au dieu suprême de l'Empire, *Amon*, mais aussi, dans certaines parties, à *Hathor*, *Anubis* et *Rê-Horakhty*. Il desservait également le culte funéraire de la reine et celui de ses parents *Thoutmosis Ier* et *Ahmès*. La terrasse inférieure s'achève par un portique à deux rangs de supports interrompu, au centre, par le passage de la rampe d'accès conduisant à l'étage supérieur. Les décors présentent des scènes royales de chasse et de pêche ainsi que la cérémonie d'érection des obélisques de la reine dans le temple d'*Amon* à **Karnak**. La terrasse intermédiaire possède la même disposition, avec deux portiques de part et d'autre de la rampe menant à la terrasse supérieure. Ici, les reliefs retracent la naissance divine d'*Hatchepsout*, son éducation, son association au trône auprès de son père *Thoutmosis Ier* et, enfin, son avènement comme "roi" unique. Plus loin, figure le récit de l'expédition maritime au **Pays de Pount**, organisée en l'An 9 de son règne pour ramener toutes sortes de produits introuvables en Égypte : or, pierres précieuses, animaux rares, félins, arbres à encens, singes, girafes, ébène, ivoire, myrrhe, peaux, essences… La scène la plus amusante reste celle qui présente la reine de **Pount**, grasse et difforme, précédant ses serviteurs : caricature ou réalisme ? Nul ne saurait le dire.

Taillée dans le roc à l'extrémité du portique Nord, se trouve la chapelle d'*Anubis*, le dieu de la momification, composée d'un vestibule et de trois sanctuaires attenants. Le tout reste très coloré et en parfait état de conservation.

étape vers une nouvelle forme d'existence, celle du corps dans son tombeau tandis que l'âme vient habiter la statue de **ka** du défunt : un dédoublement en quelque sorte, car le fonctionnement de cette deuxième vie reste identique à la première puisque, de la même façon, on travaille, on mange, on boit, on dort… En revanche, rien n'est plus à redouter qu'une seconde mort qui, elle, serait définitive. Le défunt ne peut y échapper que si aliments et boissons, sans lesquels personne ne peut subsister, lui sont apportés régulièrement : c'est le rôle du culte funéraire.

"Châteaux des Millions d'Années"

Sur la rive occidentale du Nil, en face des temples de **Karnak** et de **Louqsor**, se dresse la nécropole thébaine regroupant tout ce que le Nouvel Empire a imaginé pour servir ses défunts : tombes royales et civiles, creusées dans la falaise, et temples funéraires, couramment

Deir el-Bahari

Aucun édifice pharaonique ne s'intègre aussi bien dans son environnement naturel que le "Château des Millions d'Années" de la reine Hatchepsout, à tel point que la falaise semble avoir été taillée pour recevoir cette construction. L'auteur de cet ouvrage superbe s'appelle Senenmout : il était architecte en chef de la reine, précepteur de la princesse royale Néferourê et occupait, au sein du gouvernement, une place déterminante. Pour servir le culte funéraire de la reine, il conçoit un temple à terrasses conduisant, par deux rampes d'accès successives, aux chapelles dédiées aux divinités de l'Empire et à Hatchepsout divinisée. Outre le merveilleux ordonnancement de l'édifice, les reliefs gravés sur les portiques comptent parmi les plus grands chefs-d'œuvre de l'art égyptien. Y figurent des scènes peu traditionnelles : voyage au Pays de Pount, naissance divine d'Hatchepsout, cérémonie d'érection d'obélisques dans le temple de Karnak…

Temple de la reine Hatchepsout,
Deir el-Bahari,
Thèbes-Ouest, Haute-Égypte.

Les colosses de Memnon

Ces statues colossales d'Amenophis III, isolées au milieu des cultures, ne manquent pas d'intriguer par leur solitude. En fait, elles ornaient la façade de son temple funéraire dont il ne reste que quelques pierres éparses. Selon toute vraisemblance, les pierres du temple ont été utilisées par la suite, pour d'autres constructions, et, si les visages des colosses sont mutilés, il faut sans doute incriminer les martelages systématiques de l'époque amarnienne. Les statues s'élèvent à 19,50 mètres. Chacune a été taillée dans un seul bloc de grès, acheminé de la lointaine Héliopolis, à 700 kilomètres de là. La renommée de ces colosses est tardive. Les textes expliquent comment en 27 avant J.-C., un terrible séisme fendit en deux le colosse nord. De manière assez compréhensible, la pierre se mit à vibrer lors des brusques changements de température et d'humidité qui suivent le lever du jour. De toutes parts, on vint écouter cet étrange sifflement pour tenter de lui trouver une explication logique. Mais, petit à petit, la légende s'installa. On assimila ce bruit aux lamentations de Memnon, l'Éthiopien tué pendant la Guerre de Troie par Achille, saluant sa mère Éos, l'Aurore, au lever du soleil. Et le "Colosse de Memnon" devint un lieu de pèlerinage : on venait l'écouter au petit matin, arrivant tôt pour être sûr de ne pas manquer l'instant très court où la plainte du héros se ferait entendre. Mais Septime Sévère voulut rendre au colosse sa jeunesse passée : il décida de restaurer les parties endommagées en reconstituant le torse et la tête à l'aide de quelques assises de blocs de grès. La plainte ne se fit plus jamais entendre mais le colosse conserva son nom.

Colosses de Memnon, Thèbes-Ouest, Haute-Égypte.

À l'opposé, la chapelle d'*Hathor* comprend deux salles, avec des colonnes à chapiteaux hathoriques, et une chapelle contenant trois chambres. **Senenmout**, l'architecte en chef de la reine, n'a pas hésité à s'y faire représenter et, fait plus rare, à y inscrire son nom.

Quant à la terrasse supérieure, très endommagée et inaccessible depuis bien longtemps, elle comprenait une cour, un portique, des chapelles et un sanctuaire profondément creusé dans la falaise, dédié à *Hatchepsout*.

Si l'on en croit la description de **Diodore de Sicile**, historien grec du Ier siècle avant notre ère, le **"tombeau d'Osymandias"** devait être une construction splendide. Malheureusement, il est beaucoup trop détruit pour pouvoir apprécier son jugement et on ne peut imaginer quelle ampleur avait cet ensemble d'édifices puisque tous les murs extérieurs de clôture ne sont plus et que ce qui subsiste est partiellement tombé à terre. Aujourd'hui, guides et ouvrages parlent plus volontiers du **Ramesseum** pour désigner le temple funéraire de *Ramsès II*.

Deux vaste cours, précédées de pylônes, conduisent à une grande salle hypostyle desservant, successivement, trois autres salles hypostyles, plus petites, et un sanctuaire entouré de diverses salles annexes, cryptes et chambres. Le tout est compris dans une épaisse enceinte en briques contre laquelle vient s'appuyer un ensemble, encore très complet, d'écuries, de magasins et de logements voûtés. Dans la première cour, seule la statue colossale, et monolithe, en syénite de *Ramsès II* mérite une attention particulière. En dehors des **"Colosses de Memnon"**, jamais statue pareille n'a été taillée en Égypte, vestige du caractère incontestablement mégalomaniaque du souverain. Elle mesure 17,50 mètres de haut, 2 mètres de largeur de visage d'une oreille à l'autre, 7 mètres de largeur de torse, 1,46 mètre de diamètre de bras, 1 mètre de longueur d'index et pèse… 1 000 tonnes ! De la deuxième cour, rien ne subsiste, si ce n'est quelques colosses du souverain dans l'attitude d'*Osiris*, les bras croisés sur la poitrine portant le sceptre **heqa** et le **flagellum**, et, surtout, de très beaux fragments provenant de deux statues en granite noir : sur le sol, repose une tête, superbe portrait de *Ramsès II*.

On accède à la grande salle hypostyle, légèrement surélevée par une rampe divisée en trois escaliers. Sur les quarante-huit colonnes initiales, seules vingt-neuf subsistent, servant encore de support à une partie des plafonds. De chaque côté de la porte d'accès au reste du sanctuaire, le soubassement du mur est décoré d'une double procession représentant les fils et filles de *Ramsès II* rangés par ordre d'âge : *Merenptah*, son successeur, n'occupe que la dix-huitième place ; c'est dire combien d'enfants *Ramsès II* a enterrés !!! Des trois petites salles suivantes et du sanctuaire, seule la première hypostyle est intéressante car son plafond porte des décors assez insolites : tableaux astronomiques avec les divinités des constellations principales, des étoiles et des décans.

Le temple de Séthi Ier à Abydos

Situé entre les villes d'**Assiout** et de **Thèbes**, le site d'**Abydos** comprend divers temples, nécropoles et cénotaphes de toutes époques. En fait, l'importance religieuse de cette ville remonte aux époques les plus anciennes. Aux premières dynasties, rois et fonctionnaires s'y font ensevelir et, dès la fin de l'Ancien Empire, le culte d'*Osiris* y pénètre car les textes expliquent qu'en ce lieu est conservée la tête du dieu démembré. Donc, très rapidement, **Abydos** devient la première ville sainte du pays où tout Égyptien respectable doit se rendre une fois dans sa vie pour y effectuer un pèlerinage. À la XIXe dynastie, *Séthi Ier* décide de réunir deux bâtiments dans un même enclos : un sanctuaire et un tombeau, celui d'*Osiris*, également appelé l'**Osiréion**. En fait, aucun terme ne qualifie correctement la fonction de ce sanctuaire. Il ne s'agit, à proprement parler, ni d'un temple funéraire (le sien se trouve dans la nécropole thébaine, à **Gournah**), ni d'un temple de culte. Disons plutôt que, tout comme les particuliers déposaient une stèle en souvenir de leur pèlerinage, *Séthi Ier* a laissé, en guise d'ex-voto, un admirable édifice conçu de manière très particulière.

Le temple était dédié à sept divinités et nécessitait donc la présence d'autant de chapelles, accolées les unes aux autres, pouvant fonctionner soit séparément, soit en même temps. Le plan adopté pour résoudre le problème de cette multitude de cultes parallèles, apporte une solution originale à cette exigence puisque toute la structure du sanctuaire, des cours extérieures aux chapelles les plus intimes, est axée sur cette division en sept parties. De nos jours, la deuxième cour, fermée par un large portique, sert de façade au temple puisque le premier pylône n'existe plus. Dans la construction primitive, ce portique s'ouvrait par sept portes, permettant aux processions de s'avancer vers les sept chapelles sacrées, mais *Ramsès II* a décidé de faire murer les portails latéraux et seul celui du centre est resté ouvert. Une fois cette porte franchie, la division

du temple en sept parties apparaît très clairement. Deux salles hypostyles se suivent, toutes deux percées de sept portes conduisant aux sept sanctuaires, successivement dédiés à **Séthi I**^{er} divinisé, *Ptah*, *Rê-Horakhty*, *Amon*, *Isis*, *Osiris* et *Horus*, dans lesquels, après les fêtes, venaient se ranger les barques divines. La salle réservée à *Osiris* dessert deux chapelles donnant sur des annexes consacrées à *Isis*, *Osiris* et *Horus*. À l'opposé, un long corridor partant de la deuxième salle hypostyle permet de se rendre dans des chapelles dédiées à *Ptah-Sokar-Osiris* et *Néfertoum*.

Toutes ces pièces, décorées par **Séthi I**^{er}, se distinguent par la beauté de leurs reliefs, d'une finesse et d'une pureté jamais égalées. Certains d'entre eux ont conservé leurs peintures originelles et prouvent combien, au temps des pharaons, les temples devaient être colorés. Quelques scènes, très classiques, présentent le souverain effectuant des offrandes aux divinités ; d'autres, plus rares, relatent différents épisodes de la **"Légende d'Osiris"**. Mais ce qui transparaît toujours, c'est cette profonde piété du roi se courbant vers le dieu dans un geste de vénération.

QUELQUES REPÈRES

Époque Thinite *3 150 à 2 686 avant J.-C.*

L'Égypte est unifiée sous l'autorité d'un seul roi. La religion, l'administration, l'art et l'écriture se fixent dans leurs formes presque définitives. Les pays étrangers commencent à être prospectés.

Ancien Empire *2 686 à 2 181 avant J.-C.*

C'est la grande époque de l'Égypte classique. Les rois installent leur capitale à **Memphis** et l'Égypte atteint un degré de raffinement tout à fait exceptionnel. L'architecture en pierre fait son apparition et, rapidement, les pharaons se font construire des sépultures en forme de pyramide à **Saqqarah** (*Djéser*), à **Dahchour** (*Snéfrou*) et à **Gizeh** (*Chéops, Chéphren* et *Mykérinos*). La VIe dynastie accuse un déclin de l'autorité royale, doublé par une puissance accrue des gouverneurs provinciaux dont la charge, devenue héréditaire, permet la création de véritables dynasties, parfois plus puissantes que Pharaon lui-même. Les nomarques prennent leur indépendance et l'Égypte semble menacée par des envahisseurs. La royauté, trop affaiblie par le long règne de *Pépi II*, ne réussit pas à redresser la situation et le pays plonge dans une période de troubles.

Ière Période Intermédiaire *2 181 à 2 060 avant J.-C.*

C'est l'anarchie la plus complète : de multiples roitelets prennent le pouvoir, les nobles sont dépossédés, les terres ne sont plus cultivées et la famine s'installe rapidement.

Moyen Empire *2 060 à 1 782 avant J.-C.*

Ce sont des princes de **Thèbes** qui parviennent à réunifier l'Égypte sous une seule et même tutelle. En l'An 15 de son règne, *Montouhotep* devient roi de Haute et de Basse-Égypte. Cette nouvelle ère de prospérité, gouvernée par les *Sésostris* et les *Amenemhat*, se caractérise par de nombreuses réformes, tant politiques et administratives que religieuses. Le progrès économique passe par l'exploitation de nouvelles terres : **Sinaï**, **Nubie**, **Fayoum**, désert occidental et désert oriental. Cependant, la XIIe dynastie s'achève dans la famine, le désordre, les querelles internes et les invasions étrangères pour des raisons qui restent encore très obscures.

IIème Période Intermédiaire *1 782 à 1 570 avant J.-C.*

Il semble assez clair que l'arrivée en Égypte des **Hyksôs**, les "Chefs des Pays Étrangers", soit à l'origine de la déstabilisation du pays. Régnant tantôt sur la Basse-Égypte, tantôt sur le pays tout entier, ils installent leur capitale à **Avaris**, dans le nord-est du Delta, mais, dès le début de la XVIIe dynastie, des princes de **Thèbes** prennent la titulature royale et partent en guerre pour chasser l'envahisseur.

Nouvel Empire *1 570 à 1 070 avant J.-C.*

Cet Empire marque une nouvelle ère de prospérité et de raffinement : renouveau de la puissance royale, large expansion territoriale, affluence de richesses vers l'Égypte. Les souverains installent leur capitale à **Thèbes**, la "Ville aux Cent Portes", qui devient alors un symbole de prospérité, de richesse et de luxe. C'est la fastueuse époque des pharaons *Thoutmosis* et *Amenophis*, de la reine *Hatchepsout*, du couple hérétique *Akhénaton* et *Néfertiti*, du jeune *Toutankhamon*, des souverains *Séthi* et *Ramsès*.

Cependant, l'omniprésence du clergé et de la religion dans les affaires de l'État conduit à une dégradation du pouvoir royal. L'Empire, affaibli par des usurpations de pouvoir et des conflits internes, n'est plus en mesure de repousser l'envahisseur devenu de plus en plus présent aux portes du pays. De cette lente décadence, l'Égypte ne se relèvera pas.

IIIème Période Intermédiaire *1 070 à 656 avant J.-C.*

L'Égypte subit une dégradation, lente mais irrévocable. Les menaces extérieures se conjuguent aux difficultés internes. Pour les XXIe et XXIIe dynasties, le clergé thébain règne sur le sud, tandis que Pharaon s'installe à **Tanis** et règne sur le nord. La XXVe dynastie est éthiopienne : *Pianki*, roi de **Napata**, prend le pouvoir et soumet peu à peu le sud du pays. *Chabaka*, son successeur, installe sa capitale à **Thèbes** d'où il conquiert le Delta.

Basse Époque *656 à 332 avant J.-C.*

Cette période annonce la fin de l'indépendance de l'Égypte pharaonique. Au fil des jours, se succèdent guerres, intrigues, invasions et dynasties étrangères. Seule la XXXe dynastie, créée par *Nectanébo Ier*, réussit à renouer avec le brillant passé de l'Égypte. En 351 avant J.-C., *Nectanébo II* repousse une attaque perse mais, dix ans plus tard, *Artaxerxès III* soumet l'Égypte pour la deuxième fois : il envahit le pays, chasse *Nectanébo II* et fonde la XXXIe dynastie, dite "Deuxième Domination Perse".

Égypte ptolémaïque *332 à 30 avant J.-C.*

En 333 avant J.-C., *Alexandre le Grand* pénètre en Égypte et chasse l'envahisseur perse. Il fonde la ville d'**Alexandrie** et confie la gestion du pays à un satrape. À sa mort, l'Égypte échoit à un de ses lieutenants, *Ptolémée*, qui finit par prendre la titulature royale pour fonder la dynastie ptolémaïque. Quatorze *Ptolémées* se succèdent sur le trône d'Égypte et la dynastie s'éteint avec le règne de *Cléopâtre*. En effet, en 31 avant J.-C., la bataille d'**Actium**, perdue par *Antoine*, est suivie de l'invasion de l'Égypte par les légions d'*Octave*. Après le suicide d'*Antoine*, *Cléopâtre* livre **Alexandrie** au nouveau vainqueur et, après avoir vainement tenté de le séduire, se donne la mort à son tour. L'Égypte devient alors une province romaine.

HIÉROGLYPHES

Dans l'écriture hiéroglyphique, il existe trois types de signes : les phonogrammes, les idéogrammes et les déterminatifs.

Les **phonogrammes**, environ les 9/10e du système, transcrivent un son et peuvent être : *unilitères* (un signe valant pour une consonne ou semi-consonne), *bilitères* (un signe valant pour deux consonnes ou semi-consonnes) ou *trilitères* (un signe valant pour trois consonnes ou semi-consonnes). Les *bilitères* et les *trilitères* sont accompagnés d'un ou plusieurs *unilitères*, les *compléments phonétiques*, destinés à renforcer la valeur phonétique des signes qu'ils accompagnent.

Les **idéogrammes** transcrivent une idée et permettent de noter un mot à l'aide d'un seul signe.

Les **déterminatifs** ne se prononcent pas mais servent à qualifier le mot qui les précède.

Avant de traduire un texte hiéroglyphique, l'égyptologue se doit d'indiquer, sous les groupes de signes, la valeur phonétique des idéogrammes et des phonogrammes. Ce travail préliminaire de *translittération* est absolument nécessaire pour pouvoir prononcer les mots égyptiens. Mais le langage hiéroglyphique, comme sa translittération, ne comporte que des consonnes ou des semi-consonnes qui interdisent de prononcer correctement le mot inscrit. Il est alors indispensable, pour permettre la prononciation, d'intercaler, entre toutes ces lettres, des voyelles ou de transformer les semi-consonnes en voyelles.

Dans les inscriptions, les signes sont disposés de manière harmonieuse plutôt que cohérente. En général, le scribe organise le mot, ou le groupe de mots, en groupant et en superposant les signes, en fonction de leur taille et de leur encombrement, puisque les signes peuvent être verticaux, horizontaux ou carrés.

Les signes unilitères

Vautour
Prononciation : **a**
Translittération : *ȝ*

Chouette
Prononciation : **m**
Translittération : *m*

Bassin
Prononciation : **ch**
Translittération : *š*

Roseau fleuri
Prononciation : **i**
Translittération : *i*

Filet d'eau ou **couronne**
Prononciation : **n**
Translittération : *n*

Pente de colline
Prononciation : **k**
Translittération : *ḳ*

Double roseau fleuri
Prononciation : **y**
Translittération : *y*

Bouche
Prononciation : **r**
Translittération : *r*

Corbeille à anse
Prononciation : **k**
Translittération : *k*

Avant-bras
Prononciation : **a**
Translittération : *ʿ*

Plan d'édifice
Prononciation : **h**
Translittération : *h*

Support de jarre
Prononciation : **g** (dur)
Translittération : *g*

Poussin de caille
Prononciation : **ou**
Translittération : *w*

Mèche de lin
Prononciation : **h** emphatique
Translittération : *ḥ*

Galette de pain
Prononciation : **t**
Translittération : *t*

Jambe
Prononciation : **b**
Translittération : *b*

Placenta (?)
Prononciation : **x** (jota)
Translittération : *ḫ*

Corde ou **pilon**
Prononciation : **tch**
Translittération : *ṯ*

Siège
Prononciation : **p**
Translittération : *p*

Vulve de vache (?)
Prononciation : **ç**
Translittération : *ẖ*

Main
Prononciation : **d**
Translittération : *d*

Vipère à cornes
Prononciation : **f**
Translittération : *f*

Verrou ou **linge**
Prononciation : **s** (sourd)
Translittération : *s*

Cobra
Prononciation : **dj**
Translittération : *ḏ*

114

Quelques signes bilitères

Oeil humain
Prononciation : ir
Translittération : *ir*

Faux
Prononciation : ma
Translittération : *m3*

Campagne inondée, marais
Prononciation : cha
Translittération : *š3*

Cornes de bovin
Prononciation : oup
Translittération : *wp*

Houe
Prononciation : mer
Translittération : *mr*

Plume
Prononciation : chou
Translittération : *šw*

Lapin
Prononciation : oun
Translittération : *wn*

Vautour
Prononciation : mout
Translittération : *mt*

Bras levés
Prononciation : ka
Translittération : *k3*

Petit oiseau
Prononciation : our
Translittération : *wr*

Lion couché
Prononciation : rou
Translittération : *rw*

Traîneau
Prononciation : toum
Translittération : *tm*

Lasso enroulé
Prononciation : ba
Translittération : *b3*

Visage humain
Prononciation : her
Translittération : *hr*

Outil pour faire le feu
Prononciation : dja
Translittération : *d3*

Envol d'oiseau
Prononciation : pa
Translittération : *p3*

Vase à libation
Prononciation : hès
Translittération : *hs*

Montagne
Prononciation : djou
Translittération : *dw*

Plan de maison
Prononciation : per
Translittération : *pr*

Canard
Prononciation : sa
Translittération : *s3*

Pilier de la durée
Prononciation : djed
Translittération : *dd*

Quelques signes trilitères

Signe de vie
Prononciation : ankh
Translittération : *ꜥnḫ*

Cœur et trachée artère
Prononciation : nefer
Translittération : *nfr*

Scarabée
Prononciation : khéper
Translittération : *ḫpr*

Mât
Prononciation : aha
Translittération : *ꜥḥꜥ*

Bâton enveloppé de tissu
Prononciation : netcher
Translittération : *nṯr*

Trois vases à libation
Prononciation : khénet
Translittération : *ḫnt*

Colonne, pilier
Prononciation : ioun
Translittération : *iwn*

Gousse de caroube
Prononciation : nedjem
Translittération : *ndm*

Poumons
Prononciation : sema
Translittération : *sm3*

Balai
Prononciation : wah
Translittération : *w3ḥ*

Branche de palmier
Prononciation : renep
Translittération : *rnp*

Hache sur billot
Prononciation : setep
Translittération : *stp*

Sceptre à tête de chacal
Prononciation : ousir
Translittération : *wsr*

Pain posé sur une natte
Prononciation : hetep
Translittération : *ḥtp*

Piège
Prononciation : guereg
Translittération : *grg*

ROIS ET REINES

Ahmosis
La lune est née

Nebpehtyrê
Rê est maître de la force

Tombe : sans certitude, caveau à **Dra Abou el-Nega** (Thèbes-Ouest, Haute-Égypte)

Akhénaton
Celui qui est agréable à Aton

Néferkhéperourê
Parfaites sont les manifestations de Rê

Tombe : sans certitude, hypogée à **Akhétaton** (Moyenne-Égypte)

Amenemhat Ier
Amon est en tête

Sehetepibrê
Celui qui réjouit le cœur de Rê

Tombe : pyramide à **Lisht** (Route des pyramides, Basse-Égypte)

Amenemhat II
Amon est en tête

Noubkaourê
En or sont les âmes de Rê

Tombe : pyramide à **Dahchour** (Route des pyramides, Basse-Égypte)

Amenemhat III
Amon est en tête

Nimaâtrê
Celui qui appartient à la justice de Rê

Tombe : pyramides à **Dahchour** et à **Hawara** (Route des pyramides, Basse-Égypte)

Amenophis Ier
Amon est satisfait

Djeserkarê
Sainte est l'âme de Rê

Tombe : hypogée n°39 (?) de la **Vallée des Rois** (Thèbes-Ouest, Haute-Égypte)

Amenophis II
Amon est satisfait

Aakheperourê
Grandes sont les manifestations de Rê

Tombe : hypogée n°35 de la **Vallée des Rois** (Thèbes-Ouest, Haute-Égypte)

Amenophis III
Amon est satisfait

Nebmaâtrê
Rê est le maître de Maât

Tombe : hypogée n°22 de la **Vallée des Rois** (Thèbes-Ouest, Haute-Égypte)

Ay
Ay, Père divin

Khéperkhéperourê
Les formes de Rê se manifestent

Tombe : hypogée n°23 de la **Vallée des Rois** (Thèbes-Ouest, Haute-Égypte)

Chéchonq Ier
Chéchonq, l'aimé d'Amon

Hedjkhéperrê Sétepenrê
Brillante est la manifestation de Rê, l'élu de Rê

Tombe : sans certitude, nécropole royale de **Tanis** (Delta du Nil, Basse-Égypte)

Chéops
Khnoum me protège

Tombe : pyramide à **Gizeh** (Route des pyramides, Basse-Égypte)

Chéphren
Il apparaît comme Rê

Tombe : pyramide à **Gizeh** (Route des pyramides, Basse-Égypte)

Hatchepsout
La première des femmes

Maâtkarê
La justice est le ka de Rê

Tombe : hypogée n°20 de la **Vallée des Rois** (Thèbes-Ouest, Haute-Égypte)

Horemheb
Horus est en fête, l'aimé d'Amon

Djéserkhéperourê Sétepenrê
Saintes sont les actions de Rê, l'élu de Rê

Tombe : hypogée n°57 de la **Vallée des Rois** (Thèbes-Ouest, Haute-Égypte)

Merenptah
L'aimé de Ptah, satisfait de Maât

Baenrê Mérynetcherou
L'âme de Rê, l'aimé des dieux

Tombe : hypogée n°8 de la **Vallée des Rois** (Thèbes-Ouest, Haute-Égypte)

Montouhotep II
Montou est satisfait

Nebhépetrê
Le seigneur Rê est satisfait
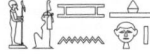

Tombe : tombe à **Deir el-Bahari** (Thèbes-Ouest, Haute-Égypte)

Mykérinos
Durable comme les âmes de Rê

Tombe : pyramide à **Gizeh** (Route des pyramides, Basse-Égypte)

Osorkon l'Ancien
Osorkon

Aakhéperrê Sétepenrê
Grande est l'âme de Rê, l'élu de Rê

Tombe : inconnue

Ounas
Ounas

Tombe : pyramide à **Saqqarah-Nord** (Route des pyramides, Basse-Égypte)

Ouserkaf
Son âme est puissante

Tombe : pyramide à **Saqqarah-Nord** (Route des pyramides, Basse-Égypte)

Pépi Ier   Méryrê
Pépi   L'aimé de Rê

Tombe : pyramide à **Saqqarah-Sud** (Route des pyramides, Basse-Égypte)

Pépi II   Néferkarê
Pépi   Parfaite est l'âme de Rê

Tombe : pyramide à **Saqqarah-Sud** (Route des pyramides, Basse-Égypte)

Psousennès Ier   Akhkheperrê Sétepenimen
L'étoile apparue à la ville   Grandes sont les actions de Rê, l'élu d'Amon

Tombe : nécropole royale de **Tanis** (Delta du Nil, Basse-Égypte)

Ramsès Ier   Menpehtyrê
Rê l'a engendré   Durable est la puissance de Rê

Tombe : hypogée n°16 de la **Vallée des Rois** (Thèbes-Ouest, Haute-Égypte)

Ramsès II   Ousermaâtrê Sétepenrê
Rê l'a engendré, l'aimé d'Amon   La justice de Rê est puissante, l'élu de Rê

Tombe : hypogée n°7 de la **Vallée des Rois** (Thèbes-Ouest, Haute-Égypte)

Ramsès III   Ousermaâtrê Méryimen
Amon est satisfait   La justice de Rê est puissante, l'aimé d'Amon

Tombe : hypogée n°11 de la **Vallée des Rois** (Thèbes-Ouest, Haute-Égypte)

Semenekhkarê   Ankhkhéperourê
Vigoureuse est l'âme de Rê   Vivantes sont les manifestations de Rê

Tombe : hypogée n°55 (**?**) de la **Vallée des Rois** (Thèbes-Ouest, Haute-Égypte)

Sésostris Ier   Khéperkarê
L'homme de la grande déesse   L'âme de Rê vient à l'existence

Tombe : pyramide à **Lisht** (Route des pyramides, Basse-Égypte)

Sésostris II   Khakhéperrê
L'homme de la grande déesse   La transformation de Rê apparaît

Tombe : pyramide à **Illahoun** (Route des pyramides, Basse-Égypte)

Sésostris III   Khakaourê
L'homme de la grande déesse   Celui qui apparaît comme les âmes de Rê

Tombe : pyramide à **Dahchour** (Route des pyramides, Basse-Égypte)

Séthi Ier Merenptah   Menmaâtrê
Celui de Seth, L'aimé de Ptah   Ferme est la justice de Rê

Tombe : hypogée n°17 de la **Vallée des Rois** (Thèbes-Ouest, Haute-Égypte)

Séthi II Merenptah   Ouserkhéperourê Sétepenrê
Celui de Seth, l'aimé de Ptah   Puissantes sont les actions de Rê, l'élu de Rê

Tombe : hypogée n°15 de la **Vallée des Rois** (Thèbes-Ouest, Haute-Égypte)

Snéfrou
Celui de beauté

Tombe : deux pyramides à **Dahchour** (Route des pyramides, Basse-Égypte)

Thoutmosis Ier   Aakhéperkarê
Né de Thot   Grande est la forme du ka de Rê

Tombe : hypogées n°20 et 38 de la **Vallée des Rois** (Thèbes-Ouest, Haute-Égypte)

Thoutmosis II   Aakhéperenrê
Né de Thot   Grande est la forme de Rê

Tombe : hypogée n°42 (**?**) de la **Vallée des Rois** (Thèbes-Ouest, Haute-Égypte)

Thoutmosis III   Menkhéperrê
Né de Thot   Stable est la manifestation de Rê

Tombe : hypogée n°34 de la **Vallée des Rois** (Thèbes-Ouest, Haute-Égypte)

Thoutmosis IV   Menkhéperourê
Né de Thot   Durables sont les manifestations de Rê

Tombe : hypogée n°43 de la **Vallée des Rois** (Thèbes-Ouest, Haute-Égypte)

Toutankhamon   Nebkhéperourê
Image vivante d'Amon   Maître des manifestations de Rê

Tombe : hypogée n°62 de la **Vallée des Rois** (Thèbes-Ouest, Haute-Égypte)

LES DIVINITÉS

Amon

Dieu originaire de la ville de **Thèbes** qui devient, dès le Moyen Empire, le dieu principal et dynastique du Royaume d'Égypte. Il est figuré sous forme humaine coiffé d'une couronne à deux hautes plumes ou, parfois, en homme à tête de bélier.

Anoukis

Gardienne de l'île de **Sehel**, près de la première cataracte, formant une triade avec la déesse *Satis* et le dieu *Khnoum*, tous trois gardiens des sources du Nil. Elle est représentée en femme portant, sur la tête, une coiffure en forme de mortier renversé.

Anubis

Dieu funéraire représenté en homme à tête de chacal ou en chacal noir. Il passe pour être l'inventeur de la momification et veille, à ce titre, au bon déroulement des cérémonies de l'embaumement. Par extension, il devient le protecteur incontesté des nécropoles.

Apis

Taureau sacré adoré à **Memphis**, considéré comme l'incarnation du dieu *Ptah*. Parfois, il est associé à *Osiris*, auquel cas il adopte des caractéristiques funéraires. Les taureaux sacrés, objets du culte, sont enterrés dans des nécropoles particulières : les **Sérapeums**.

Aton

Disque solaire par excellence, connu depuis l'Ancien Empire, mais élevé au rang de divinité dynastique à la XVIIIe dynastie, par *Amenophis IV-Akhénaton*.

Atoum

Divinité purement solaire assimilée au soleil au terme de sa course et considérée, avec *Rê* (le soleil à midi) et *Khépri* (le soleil au lever), comme le dieu créateur de la cosmogonie héliopolitaine.

Bastet

Déesse chatte vénérée, dans le Delta, à **Bubastis**. Elle incarne joie et bonté, d'où l'importance du culte populaire dont elle bénéficie. Elle est représentée en femme à tête de chatte portant un sistre ou en chatte.

Bès

Génie familier, très populaire dans les foyers, figuré de face, sous l'aspect d'un gnome mal formé et barbu, aux jambes torses et aux traits réjouis. On dit que ses danses grotesques et ses grimaces font fuir les esprits malins qui hantent les maisons.

Geb

Divinité personnifiant la terre et appartenant, dans la Grande Ennéade héliopolitaine, au deuxième couple divin avec le ciel, la déesse *Nout*.

Hâpy

Personnification de l'inondation et de la crue du Nil, garante de la fertilité des terres cultivables. Symbolisant l'abondance, *Hâpy* est présenté comme une divinité androgyne, tantôt mâle tantôt femelle, obèse et munie de mamelles pendantes.

Hathor

Déesse de la beauté, de la joie et de l'amour figurée soit en vache, soit en femme à tête de vache, soit en femme coiffée d'une couronne à deux cornes enserrant le disque solaire. Son immense popularité lui permet d'assimiler, au fil des temps, les personnalités d'autres divinités féminines, celle d'*Isis* notamment.

Héqet

Déesse à tête de grenouille associée, à **Antinoë**, au dieu potier et créateur, *Khnoum*. Dans les cas de théogamie, union entre le dieu et l'Épouse Royale dans le but de concevoir le futur souverain, elle aide son divin époux à façonner le corps de l'enfant.

Horakhty

C'est "l'Horus de l'Horizon", une des formes du dieu solaire adorée à **Héliopolis**.

Horus

Fils d'*Isis* et d'*Osiris* ayant hérité, par son grand-père *Geb*, de la royauté terrestre, *Horus* est le dieu dynastique par excellence. Représenté en homme à tête de faucon, ou en faucon, il gère également les espaces célestes et est représenté, sur terre, par Pharaon.

Isis

Sœur et épouse d'*Osiris*, mère d'*Horus*, qui se distingue par une très forte personnalité lui octroyant des rôles divers : protectrice de la femme et de l'enfant, magicienne par excellence, protectrice, avec sa sœur *Nephtys*, de la momie du défunt. Elle est représentée en femme portant, en guise de coiffure, un siège, signe hiéroglyphique servant à écrire son nom.

Khépri

Dieu honoré à **Héliopolis** sous forme de scarabée. Il symbolise le soleil levant qui renaît chaque matin et est considéré, avec *Atoum*, le soleil couchant, et *Rê*, le soleil à midi, comme le dieu créateur.

Khnoum

Dieu à tête de bélier vénéré, tout particulièrement, à **Éléphantine**, comme gardien des sources du Nil, et à **Esna**, pour ses qualités de créateur : ici, on dit qu'il a façonné hommes et choses sur son tour de potier.

Khonsou

Dieu lunaire appartenant à la triade thébaine en tant que fils d'*Amon* et de *Mout*. Il est "L'Errant", représenté en homme à tête de faucon, coiffé d'un disque solaire surmonté d'un croissant de lune.

Maât

Déesse de la vérité et de la justice, garante de l'ordre universel et de l'équilibre cosmique. De même, lors de la pesée de l'âme, c'est elle qui détermine le poids des fautes du défunt. Elle est représentée en femme, la tête coiffée d'une plume d'autruche ou, tout simplement, sous forme de plume d'autruche.

Min

Dieu de la fertilité, souvent associé à *Amon*, figuré en homme enserré dans une gaine momiforme, coiffé de la couronne à hautes plumes. Il va, le sexe dressé et le bras droit replié en arrière de la tête portant un fouet.

Montou

Divinité à tête de faucon, originaire de **Thèbes**, incarnant la force guerrière irrésistible.

Mout

Déesse de la région thébaine, formant une triade avec *Amon* et *Khonsou*, le dieu enfant. Figurée en femme coiffée d'une dépouille de vautour, elle prend, parfois, l'aspect des déesses lionnes et guerrières.

Néfertoum

Dieu enfant, fils de *Ptah* et de *Sekhmet*, personnifiant, dans la cosmogonie memphite, le lotus primordial d'où avait émergé le soleil, *Rê*. Ainsi, il est figuré en homme portant, sur la tête, une fleur de lotus.

Neith

Déesse guerrière de la ville de **Saïs** représentée en femme coiffée d'un bouclier et de deux flèches. Dans le monde souterrain, elle protège, aux côtés d'*Isis*, de *Nephtys* et de *Selkis*, les vases canopes du défunt.

Nekhbet

Déesse vautour de la ville d'**El-Kab**, protectrice de la Haute-Égypte.

Nephtys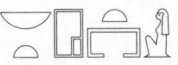

Sœur d'*Isis*, d'*Osiris* et de *Seth* appartenant à la dernière génération de dieux de l'ennéade héliopolitaine, figurée en femme portant sur la tête les signes servant à transcrire son nom. Son rôle, purement funéraire, consiste à veiller, avec *Isis*, sur le corps du défunt.

Noun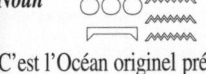

C'est l'Océan originel précédant toute création dans les cosmogonies : *"avant que le ciel n'existe, avant que la terre n'existe, avant que les hommes n'existent, avant que la mort n'existe"* était le *Noun*.

Nout

Divinité féminine personnifiant la voûte céleste. Dans la cosmogonie d'**Héliopolis**, elle forme, avec *Geb*, le deuxième couple divin. Elle apparaît, sur les plafonds des tombes et des temples, en femme au corps étrangement étiré et couvert d'étoiles.

Osiris

Dieu des morts ayant, également, en tant que dieu ressuscité, un rôle primordial dans le renouveau annuel de la végétation. Il est présenté en homme aux chairs vertes, emmailloté dans une gaine momiforme, coiffé de la couronne **atef**, à plumes d'autruche, et muni des sceptres royaux, la crosse **heqa** et le **flagellum**.

Ouadjet

Déesse cobra de la ville de **Bouto**, protectrice de la Basse-Égypte.

Ptah

Protecteur des orfèvres, des sculpteurs et des artisans, considéré, à **Memphis**, comme le créateur du monde et l'inventeur des techniques. Bientôt, il assimile *Sokaris* sous le nom de *Ptah-Sokar-Osiris*. Il est figuré en homme gainé, les mains portant le sceptre **ouas** et la tête couverte d'une calotte bleue ; derrière lui figure le pilier **djed**, symbole de la durée et de la stabilité.

Rê ou

C'est l'astre solaire par excellence, la divinité la plus importante du panthéon égyptien. Son principal lieu de culte se trouve à **Héliopolis**, mais il est vénéré à travers toute l'Égypte sous différentes appellations.

Satis

Patronne de la cataracte formant une triade avec le dieu *Khnoum* et la déesse *Anoukis*. Elle est représentée en femme, portant la couronne blanche de Haute-Égypte flanquée de deux cornes d'antilope.

Séchat

Patronne des mathématiques et personnification de l'écriture, détenant les "annales" du monde organisé, sur lesquelles sont consignés les hauts faits royaux. Elle va, munie de la palette et du calame, portant une coiffure composée d'une étoile à sept branches.

Sekhmet

Puissance destructrice présentée sous les traits d'une déesse à tête de lionne. À **Memphis**, elle est associée aux dieux *Ptah* et *Néfertoum* ; à **Thèbes**, elle s'assimile à *Mout* en tant que déesse guérisseuse.

Selkis

Déesse scorpion jouant un rôle de guérisseuse contre les morsures en tous genres et, dans le monde souterrain, assurant, avec *Isis*, *Nephtys* et *Neith,* la protection des viscères, conservés dans les vases canopes.

Seth

Dieu à tête d'animal mythique possédant différentes facettes, bonnes et mauvaises. Il est, à la fois, le protecteur de la barque de *Rê* et l'assassin d'*Osiris* ; à la Basse Époque, il symbolise l'Étranger, l'Envahisseur.

Shou

Dieu de l'air, de l'espace et du vide appartenant, avec *Tefnout*, au premier couple divin de la cosmogonie héliopolitaine. Il est représenté en homme, la tête surmontée d'une plume d'autruche.

Sobek

Dieu crocodile honoré principalement dans la région du **Fayoum** et à **Kom Ombo**, protégeant les hommes contre les bêtes et les puissances hostiles régnant dans les marais et dans les eaux du Nil.

Sokaris

Dieu résidant en bordure du désert occidental, assimilé, avec le temps, à *Ptah* et à *Osiris* sous le nom de *Ptah-Sokar-Osiris*, et devenant, ainsi, un dieu funéraire de la nécropole memphite. Il est représenté en momie à tête de faucon.

Sopdou

Dieu faucon, assimilé à *Horus* de par ses origines étrangères. Adoré principalement dans l'est du Delta, il devient alors le protecteur des frontières orientales de l'Égypte.

Taténen

Il remonte aux époques les plus anciennes. Il était, alors, le démiurge de **Memphis**, la personnification des terres émergées du *Noun*. Rapidement, il est assimilé par le dieu *Ptah* sous le nom de *Ptah-Taténen*.

Tefnout

Personnification de l'air humide, présentée sous l'aspect d'une déesse lionne. Dans la cosmogonie héliopolitaine, elle appartient, avec *Shou*, le dieu de l'espace et du vide, au premier couple divin.

Thot

Dieu lunaire adoptant parfois la forme d'un ibis, parfois celle d'un babouin. Ses rôles sont multiples : il est l'inventeur de l'écriture et des sciences, par extension, il est le protecteur des scribes ; dans l'au-delà, il veille au bon déroulement de la pesée des âmes.

Thouéris

Déesse vénérée dans l'Égypte entière comme protectrice de la mère et de l'enfant. Elle possède une anatomie des plus particulières : corps d'hippopotame, dos de crocodile et pattes de lion.

PETIT LEXIQUE

Amulettes - Ce sont des petites figurines assurant la protection des vivants, aussi bien que des morts. Portées en collier par les premiers, insérées dans les bandelettes des seconds, elles peuvent être en faïence, en pierre précieuse ou semi-précieuse, en bronze, en or, en argent… Elles représentent soit des divinités, soit des signes hiéroglyphiques chargés d'efficacité : le pilier **djed** (la durée et la stabilité), l'œil **oudjat** (la plénitude), la croix **ankh** (la vie), le scarabée **khéper** (l'existence par excellence) ou le **nœud d'Isis** (la protection en toutes circonstances).

Animaux sacrés - En Égypte, tout animal est considéré comme le réceptacle d'une forme de la puissance divine, qu'elle soit bonne ou mauvaise, d'où la prolifération des cultes d'animaux sacrés : le crocodile (dieu *Sobek*), l'ibis (dieu *Thot*), le chat (la déesse *Bastet*), le taureau (dieu *Apis*), le faucon (dieu *Horus*) pour les plus répandus.

Ba - Représenté sous forme d'oiseau à tête humaine, le ba, l'âme du défunt en quelque sorte, est une entité spirituelle qui quitte le corps lorsque survient la mort et retrouve son individualité pour errer à son gré.

Barbes - Bien que tout Égyptien respectable se doive d'être glabre, dieux, pharaons et fonctionnaires n'hésitent pas à se faire représenter le menton orné d'une barbe postiche, dans l'esprit d'affirmer leur puissance virile : longue, mince, finement tressée et recourbée à l'extrémité pour les divinités ; losangique et ondulée pour les rois ; simple barbichette pour les nobles.

Canopes (vases) - Les viscères momifiés du défunt sont conservés dans quatre vases canopes, en albâtre ou en calcaire fin, mis sous la protection de divinités particulières appelées les **quatre fils d'Horus** : *Amset*, à tête d'homme, veille sur le foie ; *Douamoutef*, à tête de chacal, sur l'estomac ; *Hapi*, à tête de babouin, sur les poumons ; *Khebeh-Senouf*, à tête de faucon, sur les intestins.

Cartouche - Ce terme désigne la boucle allongée, symbolisant le règne universel du roi, dans laquelle s'inscrivent les quatrième et cinquième noms de Pharaon : le **nom de Roi de Haute et de Basse-Égypte** et le **nom de Fils de Rê**.

Chapiteaux - L'Égypte a développé divers types de chapiteaux, tous largement répandus dans l'architecture : palmiforme (palme), lotiforme ouvert ou fermé (fleur de lotus), papyriforme (ombelle de papyrus), composite (papyriforme surchargé de motifs végétaux), hathorique (visage orné des oreilles de vache de la déesse *Hathor*).

Coiffes royales - Les coiffures portées le plus couramment par Pharaon sont les suivantes : la simple perruque soutenue par un bandeau et le **némès**, sorte de linge strié enveloppant les épaules ; la couronne blanche de Haute-Égypte et la couronne rouge de Basse-Égypte ; le **pschent**, réunissant les deux précédentes ; le **khépresh**, ou couronne de guerre, sorte de casque bleu à pois circulaires.

Dépôt de fondation - La construction d'un édifice religieux ou funéraire s'accompagne de rites particuliers : visées astronomiques pour déterminer l'orientation exacte, sacrifice d'un animal dont le corps est déposé dans la tranchée de fondation, dépôt d'objets miniaturisés aux différents angles du bâtiment (vases, instruments de travail, plaquettes…).

Dromos - Il s'agit du nom donné par les Grecs à cette allée, fréquemment bordée de sphinx ou de statues de lions couchés, prolongeant, vers l'extérieur, l'axe du temple pour le relier, soit à un autre édifice cultuel, soit à un embarcadère situé au bord du Nil.

Écriture - Les Égyptiens ont principalement utilisé trois formes d'écritures : une écriture sacrée, le **hiéroglyphique**, remarquable par l'extrême finesse de ses dessins ; deux écritures civiles, plus simplifiées, le **hiératique** supplanté, dès le VIIe siècle avant J.-C., par le **démotique**.

Hypogée - Ce terme désigne toute tombe, royale ou civile, creusée dans l'épaisseur de la falaise.

Hypostyle - Toute salle dont le plafond est soutenu par des colonnes est qualifiée d'hypostyle.

Ka - Cette notion reste difficile à cerner car rien, dans nos conceptions et notre langage, ne correspond au **ka** égyptien. Défini comme une manifestation des énergies vitales, tant conservatrices que créatrices, il survit à la mort physique du corps. Offrandes et formules funéraires s'adressent au ka qui apparaît alors comme l'élément permettant la survie dans l'au-delà.

Lac sacré - Tout ensemble cultuel comprend, outre les édifices nécessaires aux cérémonies religieuses, un bassin, de forme rectangulaire ou fantaisiste, dont l'accès s'effectue par plusieurs volées d'escaliers : le **lac sacré**. Dans ses eaux, se purifiaient les prêtres et se promenaient les barques divines ; sur ses bords, se célébraient certains mystères. Mais il devait rappeler, avant tout, le *Noun*, l'Océan primordial, d'où avait émergé toute vie.

Livre des Morts - Apparu dès le Nouvel Empire, ce recueil de textes, plus justement appelé le **"Livre pour sortir au jour"**, regroupe toutes sortes de formules destinées à assurer la résurrection du défunt dans l'au-delà, en lui accordant une liberté totale de mouvement et en lui procurant tout ce qui peut être utile dans le monde inférieur. Les chapitres, bien souvent décorés de vignettes illustratives, sont consignés sur un rouleau de papyrus déposé dans le sarcophage du défunt ou inséré dans les bandelettes de la momie. De nombreux exemplaires de ce livre funéraire ont été retrouvés : aucun n'est identique, certains possédant des chapitres inexistants chez d'autres : à ce jour, cent quatre-vingt-dix chapitres différents ont été recensés ; ils sont numérotés de I à CXC.

Maisons de Vie - Ces édifices, totalement dépendants du fonctionnement des temples, abritent divers corps de métier œuvrant pour la culture sacerdotale : des scribes chargés de rédiger ou, même, de recopier les textes sacrés nécessaires au culte ; des chercheurs ou praticiens en médecine ; des officiants, des prêtres, des artistes, des décorateurs ou des professeurs.

Mammisi - D'origine copte, ce mot se traduit littéralement par "lieu de la naissance". Il désigne ces édifices, annexés aux temples à la Basse Époque, dans lesquels les Égyptiens célébraient, chaque année, les rites de la naissance des dieux enfants (*Néfertoum*, *Khonsou*…) et, par extension, de l'enfant roi, Pharaon.

Mastaba - On utilise le terme de **mastaba**, la "banquette" en arabe, pour définir les tombes civiles de l'Ancien Empire. Régulièrement disposés dans les nécropoles autour de la pyramide royale, ces tombeaux, destinés aux hauts fonctionnaires de l'administration, comportent deux parties distinctes : en superstructure, la **chapelle**, pour les services du culte funéraire, et le **serdab**, contenant la statue de **ka** du défunt ; en infrastructure, le **puits**, comblé de gravats lors des funérailles, et le **caveau**, contenant le sarcophage avec la momie du défunt ainsi que son trésor funéraire (mobilier, statuettes, parures, barques…).

Naos - Ce mot est utilisé pour qualifier deux choses distinctes : d'une part, le tabernacle en pierre dans lequel était placée la statue du dieu ; d'autre part, la pièce contenant ce tabernacle, également appelée le "**saint des saints**".

Nilomètre - Les Égyptiens doivent la conception du nilomètre à ce besoin impérieux de contrôler, surtout en période de crue, les fluctuations des eaux du Nil. Généralement aménagés dans l'enceinte des temples, les nilomètres se composent d'une longue descenderie conduisant, par le biais d'un escalier, à la nappe phréatique. Sur les murs, des graduations permettent de déterminer, en fonction du volume des eaux, à **Éléphantine** particulièrement, quelle sera l'importance de la crue et quelle sera sa date d'arrivée en Égypte.

Nome - Il s'agit du nom donné par les Grecs aux circonscriptions administratives de l'Égypte ancienne. En trois mille ans d'existence, le nombre, les limites et l'appellation de ces provinces n'ont cessé d'évoluer en fonction des nouveaux impératifs sociaux ou politiques. Cependant, quelle que soit l'époque, le **nome** est toujours resté une entité de caractère économique et fiscal, comportant ses dieux propres, ses temples et ses lois que chacun doit respecter.

Nubie - Cette zone géographique s'étend de la ville de **Khartoum**, actuelle capitale du Soudan, à la frontière égyptienne. Pendant la période pharaonique, la **Nubie**, totalement asservie à l'Égypte, ne sera autre qu'un pays d'exploitation, pour ses ressources en or, bois, pierres, bétail et hommes, et une zone de transit vers l'Afrique, pour ses richesses en ivoire, ébène, animaux rares et essences précieuses.

Opet (fête d') - Elle était célébrée à l'occasion du nouvel an égyptien, le deuxième mois de la crue. Bien que cette fête ait dû se dérouler dans l'Égypte entière, c'est grâce au grand sanctuaire de **Karnak** que nous connaissons son déroulement exact. Alors, les dieux de la triade thébaine, *Amon*, *Mout* et *Khonsou*, remontaient le Nil vers le "Harem du Sud", qui n'est autre que le temple de **Louqsor**, au milieu d'une foule en liesse psalmodiant des incantations et faisant des dons d'offrandes et de nourriture. Les festivités duraient une dizaine de jours au cours desquels, outre les cérémonies rituelles, *Amon* rendait des oracles sur les affaires et les problèmes paraissant insolubles. Enfin, comme ils étaient venus, les dieux réintégraient leur sanctuaire principal de **Karnak**.

Ostracon - Le papyrus étant réservé, par son prix, à des fins officielles ou religieuses, lettres et textes privés, notes personnelles, brouillons et essais, comptabilité officieuse, étaient consignés sur des matériaux moins nobles tels que le tesson de poterie ou l'éclat de calcaire. L'**ostracon** désigne donc tout document rédigé sur ce type de support. Certains, très instructifs, délivrent toutes sortes d'informations assez détaillées sur la vie quotidienne des anciens Égyptiens, notamment ceux retrouvés à **Deir el-Medineh**, le village des ouvriers travaillant dans la **Vallée des Rois**.

Oushebti (Shaouabti) - Placée dans la tombe, cette statuette momiforme se doit, dans l'au-delà, d'exécuter travaux quotidiens et corvées à la place du défunt. Sur son corps, sont inscrits ces quelques mots : *"Ô Oushebti ! Si X* (le défunt) *est requis pour faire des corvées qui se font là-bas... Présent ! diras-tu !"*. Apparus au Moyen Empire, les **oushebtis** peuvent être, selon la condition du défunt, en bois, en bronze, en faïence, en pierre ou en terre cuite. Parfois, ils se comptent par centaines dans une même tombe.

Parèdre - Il s'agit du mot utilisé pour qualifier toute déesse tenant le rôle d'épouse du dieu dans un sanctuaire. Dans la triade thébaine, la déesse *Mout* est la parèdre du dieu *Amon*.

Psychostasie - Ce mot d'origine grecque signifie "la pesée de l'âme" et fait référence au chapitre CXXV du "**Livre des Morts**", lorsque le défunt, introduit par *Anubis*, pénètre face au tribunal des dieux tandis que son cœur est placé sur un des plateaux de la balance, *Maât*, la justice, reposant sur l'autre. Cette opération, surveillée par *Thot*, doit déterminer si le défunt est digne d'entrer dans le royaume d'*Osiris*. Au pied de la balance, se tient un être monstrueux, la "Grande Dévoreuse", prêt à sauter sur le défunt en cas de jugement défavorable.

Pylône - Cet élément architectural marque l'entrée monumentale d'un temple. Le pylône est composé de deux massifs de forme trapézoïdale, les môles, séparés par une ouverture permettant de pénétrer dans l'espace cultuel. Bien souvent, les décors de façade présentent Pharaon, en taille héroïque, offrant au dieu une poignée d'ennemis qu'il tient par les cheveux.

Sceptres - Ces attributs, tenus par les dieux, les pharaons et les nobles, doivent déterminer les qualités et les fonctions de celui qui les porte : le sceptre **heqa** (crosse) et le **flagellum** (fouet) pour le dieu *Osiris* et Pharaon ; le sceptre **ouas** (bâton surmonté d'une tête de canidé) pour les divinités masculines ; le sceptre **ouadj** (canne en forme de tige de papyrus) pour les divinités féminines ; le sceptre **sékhem** (petit bâton de commandement) pour les particuliers.

Serdab - On appelle **serdab** la pièce creusée dans la partie en superstructure des **mastabas** et contenant la statue de **ka** du défunt. Fermée de toutes parts, elle ne communique avec la chapelle funéraire que par le biais d'une petite fente qui doit permettre à la statue de profiter des offrandes déposées dans la chapelle par les proches du défunt.

Sérekh - Ce mot désigne le rectangle en forme de façade de palais, surmonté d'une figure de faucon, dans lequel est inscrit le nom I de Pharaon : le **nom d'Horus**.

Sema-taoui - Ce terme égyptien se traduit par "réunir les Deux Terres". Dans l'iconographie, il est figuré par les deux plantes héraldiques, le lotus de Haute-Égypte et le papyrus de Basse-Égypte, nouées autour d'une trachée-artère, signifiant "unir" en hiéroglyphique, par deux divinités : *Horus* et *Seth* ou deux dieux *Hâpy*. Le **sema-taoui** symbolise la réunion du sud et du nord au sein d'un seul et même royaume.

Spéos - On qualifie de **spéos** tout sanctuaire creusé dans la falaise. Le plus bel exemple de ce type d'édifice reste le **spéos** construit par *Ramsès II* à **Abou Simbel**, à trois cents kilomètres au sud d'**Assouan**.

Textes des Pyramides - Ce sont les textes funéraires gravés sur les parois des pyramides de la fin de l'Ancien Empire. Le plus ancien exemplaire attesté date de l'époque d'*Ounas*, dernier pharaon de la Ve dynastie. Repris par tous les souverains de la VIe dynastie, les "**Textes des Pyramides**" disparaissent avec les désordres de la Première Période Intermédiaire. Ils se composent de formules magiques et d'hymnes divers qui doivent assurer à Pharaon l'immortalité.

Textes des Sarcophages - Contrairement aux "**Textes des Pyramides**" réservés au seul personnage royal, ces textes funéraires s'adressent aux civils et ornent les sarcophages du Moyen Empire. Issus d'une démocratisation des croyances funéraires, ils permettent à tout défunt de s'assimiler à *Osiris* dans l'au-delà, par le biais de recettes et de formules visant à déifier les morts.

Théogamie - Ce mariage, unissant le dieu à la Grande Épouse Royale, doit donner naissance au futur souverain et permet, notamment dans les cas litigieux, de légitimer l'accession au trône d'un roi contesté.

Titulature royale - Elle se compose de cinq noms adoptés par Pharaon lors de son intronisation : le **nom d'Horus** (I), le **nom des Deux Maîtresses** (II), le **nom d'Horus d'Or** (III), le **nom de Roi de Haute et de Basse-Égypte** (IV), le **nom de Fils de Rê** (V).

Uraeus - Ce terme désigne le cobra dressé, l'œil de *Rê* de la légende héliopolitaine, qui surmonte la coiffe royale. On dit qu'il protège le roi en tous lieux *"même la nuit quand il dort"* et repousse tous ses ennemis.

LA LITTÉRATURE

Les textes historiques

Bien des textes historiques, autobiographies, comptes-rendus d'expéditions, récits de batailles ou autres, nous sont parvenus. Gravés dans les tombes ou fièrement retranscrits sur les parois des temples, ils nous révèlent, par bribes, quelques épisodes de l'histoire égyptienne. Un texte amusant évoque le voyage en **Nubie** d'un dénommé **Horkouf**, fonctionnaire de l'administration. Le roi mis en scène est *Pépi II* qui n'a alors que dix ans.

"Tu as dit que tu as ramené un pygmée du pays des habitants de l'horizon à l'Est pour les danses du dieu, lequel est comme le nain que ramena le trésorier du dieu Ourdjededba du Pays de Pount au temps d'Izézi. Tu as dit à Ma Majesté que jamais n'a été ramené son semblable par personne d'autre qui a parcouru Iam auparavant. Viens en bateau à la Résidence tout de suite. Quitte les autres et amène avec toi ce nain, que tu ramènes du pays des habitants de l'horizon vivant, sain et sauf, pour les danses du dieu et pour réjouir le cœur du roi de Haute et Basse-Égypte Néferkarê, qu'il vive éternellement. S'il monte avec toi dans le bateau, place des hommes capables, qui se tiennent autour de lui des deux côtés du bateau pour éviter qu'il ne tombe dans l'eau. S'il dort la nuit, place des hommes capables autour de lui dans sa cabine. Effectue un contrôle dix fois par nuit. Ma Majesté souhaite voir ce nain plus que les produits des carrières de Pount. Si tu arrives à la Résidence, tandis que ce nain est avec toi, vivant, sain et sauf, Ma Majesté va te donner une récompense plus grande que celle donnée au trésorier du dieu Ourdjededba au temps d'Izézi."

Les textes didactiques

Ils apparaissent dès le début de la formation du royaume d'Égypte et regroupent les **"Sagesses"** et les **"Enseignements"**. Généralement écrits par des hauts fonctionnaires ayant de lourdes responsabilités au sein du pays, ces textes se doivent de transmettre, aux jeunes générations, toute une expérience acquise au fil des temps. À partir de la Première Période Intermédiaire, ce genre littéraire devient plus politique et donne la parole à Pharaon qui, à travers de multiples conseils et mises en garde, apprend au jeune prétendant au trône comment exercer correctement le dur métier de roi. Le plus célèbre de tous ces écrits reste celui de **Ptahhotep**, intendant sous le règne du roi *Djedkarê-Izézi*, à la Ve dynastie.

"Ne te vante pas de ton savoir, mais consulte un homme illettré de même qu'un savant. On peut atteindre les confins de l'art et il n'y a pas d'artiste qui ait acquis la maîtrise ; une bonne parole est plus cachée que la pierre verte, on la trouve pourtant chez les servantes qui travaillent à la meule…"

"Si tu rencontres un adversaire en action, un mauvais orateur qui n'est certes pas ton pareil, ne te déchaîne pas contre lui quand il montre sa faiblesse, ne t'occupe pas de lui et il se punira tout seul. Ne lui adresse pas la parole pour décharger ton cœur, ni ne te moque de l'esprit de celui qui est devant toi ; c'est que mauvais est un homme qui confond celui d'esprit faible. On fera tout de même ce que tu désires et tu le frapperas de l'opposition des hauts fonctionnaires."

"Si tu es un directeur en train de donner des directives à un grand nombre de gens, cherche la manière la plus parfaite pour être sans reproche vis-à-vis de ta bonne condition. La justice est magnifique, son excellence est dure. Elle n'est pas altérée depuis le temps d'Osiris et l'on punit celui qui néglige les lois. Surtout, ne pense pas que tu peux tout prendre par ton autorité, car les limites de la justice sont invariables ; c'est un enseignement que chaque homme tient de son père."

"Si tu es pauvre, mais serviteur d'un homme notable, de sorte que ta condition chez le roi est bonne, d'un homme dont tu connais la simplicité d'autrefois, ne sois pas fier à son égard à cause de ce que tu sais de lui du temps passé, mais estime-le profondément, conformément à ce qu'il a su conquérir. La fortune ne vient certes pas d'elle-même, c'est sa loi pour ceux qui la désirent. Quant à l'opulence, il a amassé lui-même ses richesses et c'est le roi qui l'a fait notable et qui le protège même quand il dort."

"Si tu es un directeur, sois calme quand tu écoutes les paroles d'un quémandeur et ne le repousse pas avant qu'il ne se soulage de ce qu'il s'était proposé de te dire. Un homme frappé de malheur aime épancher son cœur plus encore que de voir se réaliser ce pour quoi il est venu. Même si tout ce qu'il a sollicité n'est pas susceptible d'arriver, c'est un apaisement de l'esprit que d'être bien écouté."

Les textes religieux

Ils peuvent être classés en trois catégories : d'une part, les textes funéraires (**"Textes des Pyramides"**, **"Textes des Sarcophages"** ou **"Livre des Morts"**), destinés à assurer le bon passage de l'âme dans l'au-delà ; d'autre part, les textes cosmogoniques et les mythes (**"Légende d'Osiris"**, par exemple), rédigés par les Écoles théologiques pour expliquer la création du monde ; enfin, les hymnes et prières, quotidiennement utilisés pour assurer le culte des dieux. **"L'Hymne à Aton"**, le disque solaire par excellence, remonte à l'époque de l'hérésie amarnienne, sous le règne d'*Akhénaton*, et illustre la majesté de ces compilations religieuses.

"Lorsque tu te couches dans l'horizon occidental,
L'univers est plongé dans l'univers et comme mort,
Les hommes dorment dans les chambres, la tête enveloppée,

Et aucun d'eux ne peut voir son frère.
Volerait-on tous leurs biens qu'ils ont sous la tête,
Qu'ils ne s'en apercevraient pas !
Tous les lions sont sortis de leur antre,
Et tous les reptiles mordent.
Ce sont les ténèbres d'un four et le monde gît dans le silence.
C'est que le créateur repose dans son horizon.
Mais à l'aube, dès que tu es levé à l'horizon,
Et que tu brilles, disque solaire dans la journée,
Tu chasses les ténèbres et tu émets tes rayons.
Alors le Double Pays est en fête,
L'humanité est éveillée et debout sur ses pieds ;
C'est toi qui les as fait lever !
Sitôt leur corps purifié, ils prennent leurs vêtements
Et leurs bras sont en adoration à ton lever.
L'univers entier se livre au travail.
Chaque troupeau est satisfait de son herbe ;
Arbres et herbes verdissent ;
Les oiseaux qui s'envolent de leur nids,
Leurs ailes déployées sont en adoration devant ton être.
Toutes les bêtes se mettent à sauter sur leurs pattes.
Et tous ceux qui s'envolent et tous ceux qui se posent
Vivent, lorsque tu t'es levé pour eux.
Les bateaux descendent et remontent le courant.
Ton chemin est ouvert parce que tu es apparu.
Les poissons, à la surface du fleuve, bondissent vers ta face :
C'est que tes rayons pénètrent jusqu'au sein de la mer très verte."

Les textes littéraires

Contes et romans, mythiques ou merveilleux, récits d'aventure et essais folkloriques sont largement représentés dans la littérature égyptienne. Ils mettent en scène toutes sortes de protagonistes, hommes simples, personnages hors du commun, rois ou dieux, dont les destinées, tragiques ou heureuses, finissent par se croiser à un moment ou à un autre du récit. Ce genre littéraire atteint son apogée à la XIIe dynastie, alors que l'expression écrite et le langage hiéroglyphique frôlent un degré d'accomplissement presque irréprochable. Le plus célèbre de tous ces textes, l'épopée de **"Sinouhé l'Égyptien"**, nous est connu par de multiples copies, sur papyrus ou **ostraca**, dont certaines sont malheureusement incomplètes.

Sinouhé, fonctionnaire du harem au temps d'*Amenemhat Ier*, s'enfuit d'Égypte à la mort de Pharaon, craignant d'être impliqué dans des troubles politiques et sociaux inhérents à la succession difficile du roi, mort assassiné. Il traverse le Delta vers l'est, passe l'Isthme de Suez et arrive en Syrie, aux confins du désert, épuisé, affamé et assoiffé. Recueilli par les Bédouins, il décide de s'installer chez eux, fonde une famille, organise au mieux sa nouvelle existence et devient chef de tribu, aimé et respecté. Mais, l'Égypte est loin et son cœur la réclame. **Sinouhé** demande alors sa grâce que le nouveau souverain d'Égypte, *Sésostris Ier*, lui accorde. Il reçoit même un courrier, émanant de Pharaon lui-même, le priant de reprendre sa place à la cour.

"Reviens en Égypte. Tu reverras la Résidence, tu te prosterneras à nouveau devant la double grande porte du palais, tu seras réuni aux amis. Aujourd'hui, pour toi, a commencé le temps de la vieillesse, ton ardeur virile t'abandonne ; pense au jour de l'enterrement, au passage à l'état d'imakou… On fera pour toi un cortège funéraire le jour de ton union avec la terre. On fera pour toi un cercueil d'or, dont la tête sera en lapis-lazuli. Un ciel au-dessus de toi sera placé dans le sarcophage, des bœufs te traîneront, des musiciens te précéderont et on accomplira la danse des Mouou à l'entrée de la tombe. Pour toi, on lira à haute voix une liste d'offrandes et on accomplira des sacrifices devant les autels. Les colonnes de ta tombe seront érigées en pierre blanche lumineuse au milieu des tombeaux des enfants royaux…

Tu ne dois pas mourir en pays étranger. Les Asiatiques ne t'enterreront point, tu ne seras pas placé dans une simple peau de mouton, on ne fera pas pour toi un simple tumulus. Il est trop tard pour continuer à voyager. Pense à la maladie : reviens !"

Sinouhé accepte l'invitation.

"Ta Majesté est l'Horus qui conquiert, tes bras sont vainqueurs de toutes les terres. Que ta Majesté commande donc que lui soient amenés Meki, originaire de Kédem, Khentiouiâoush et Menous, du Pays des Phéniciens ; ce sont des princes au juste renom et qui ont été élevés pour l'amour de toi. Je ne te rappellerai pas le pays du Retenou : il t'appartient, de même que t'appartiennent les chiens.

Quant à cette fuite de ton serviteur, elle n'avait pas été préméditée, elle n'était pas dans mon esprit, je ne l'avais pas projetée… Dieu, qui avait commandé cette fuite, me tirait. Mais que je sois en la résidence royale ou que je sois en cette place, tu es en vérité le voile de cet horizon ; car le disque solaire brille selon ton désir ; l'eau de la rivière peut être bue quand tu le souhaites et la brise dans le ciel est respirée quand tu le dis."

Et ainsi s'achève le récit : le retour au pays, l'accueil de Pharaon, les nouvelles grâces qui lui sont offertes, la belle tombe qui lui est préparée.

"Lorsque la terre s'éclaira, le matin venu, on vint m'appeler. Dix hommes s'en vinrent puis allèrent me conduire jusqu'au palais. Je touchai le sol du front entre les statues de sphinx. Les enfants royaux qui se tenaient à la porte d'entrée m'accueillirent, cependant que les amis, déjà introduits dans la salle hypostyle, me mirent sur le chemin de la salle d'audience. Je trouvai Sa Majesté assis sur le grand trône sous un portail d'or fin. Je me prosternai sur mon ventre et je perdis conscience en Sa présence. Alors ce dieu s'adressa à moi comme à un ami, mais j'étais semblable à un homme saisi par les ténèbres, mon ba s'en allait, tandis que mes membres tremblaient et que mon cœur n'était plus dans mon corps. Je ne savais plus distinguer la vie de la mort."

BIBLIOGRAPHIE

OUVRAGES GÉNÉRAUX

C. Aldred, *L'Empire des pharaons*, Armand Colin, 1985
J. Baines et J. Malek, *Atlas de l'Égypte ancienne*,
traduit de l'anglais par M. Vergnies et J.-L. Parmentier, Nathan, 1981
P. Barguet, *Le livre des morts des Anciens Égyptiens - Les textes des sarcophages des Égyptiens du Moyen Empire* (deux volumes),
Cerf, Littérature Ancienne du Proche Orient (LAPO), 1967 et 1986
F. Beaucour, Y. Laissus et C. Orgogozo, *La découverte de l'Égypte*,
Flammarion, 1989
M. Betró, *Hiéroglyphes, les mystères de l'écriture*, Flammarion, 1995
J.-P. Corteggiani, *L'Égypte des pharaons au Musée du Caire*,
Hachette, 1979
F. Daumas, *La civilisation de l'Égypte pharaonique*, Arthaud, 1965
M. Dewachter, *Champollion, un scribe pour l'Égypte*,
Collection "Découvertes", n°96, Gallimard
S. Donadoni, *L'art égyptien*,
Encyclopédies d'Aujourd'hui, La Pochotèque, 1993
É. Drioton et J. Vandier, *L'Égypte. Des origines à la conquête d'Alexandre*, P.U.F., Collection "Clio", 5e édition, Paris, 1975
A. Eggebrecht, *L'Égypte ancienne*, Bordas, 1991
H. O. Fischer, *L'écriture et l'art de l'Égypte ancienne*, P.U.F., Paris, 1986
É. Flammarion, *Cléopâtre, vie et mort d'un pharaon*,
Collection "Découvertes", n°183, Gallimard, 1993
P. Grandet et B. Mathieu, *Cours d'égyptien hiéroglyphique*,
Volume I et Volume II, Chéops, 1990
N. Grimal, *Histoire de l'Égypte ancienne*, Fayard, 1988
Hérodote, *L'Enquête, Livre II*, Folio n°1651
G. Jean, *L'écriture, mémoire des hommes*,
Collection "Découvertes", n°24, Gallimard
C. Lalouette, *Textes sacrés et textes profanes de l'Ancienne Égypte*,
Connaissances de l'Orient, Gallimard UNESCO, Paris, 1984
K. Lange, E. Otto et C. Desroches-Noblecourt, *L'Égypte*,
traduit de l'allemand par G. Blumberg et R. Antelme, Flammarion, 1967
J. Leclant, *Le temps des pyramides - L'Empire des conquérants - L'Égypte du crépuscule* (trois volumes), Univers des Formes, Gallimard, 1985
A. Mekhitarian, *La peinture égyptienne*, Skira, 1978 (dernière édition)
K. Michalowski, *L'art de l'Ancienne Égypte*, Mazenod, Paris, 1968
P. Montet, *L'Égypte éternelle*, Marabout Université, 1988
P. Montet, *L'Égypte et la Bible*,
Les cahiers d'Archéologie Biblique, n°11, Delachaux et Niestlé, 1959
G. Posener, S. Sauneron et J. Yoyotte, *Dictionnaire de la civilisation égyptienne*, Hazan, 1959

I. Shaw et P. Nicholson, *British Museum, Dictionary of Ancient Egypt*,
British Museum Press, 1995
D. Valbelle, *L'État et les Institutions*,
Armand Colin, Collection U, Paris, 1992
J. Vandier, *Manuel d'archéologie égyptienne* (six volumes de texte et deux volumes de planches), Éditions A. et J. Picard & Cie, Paris, 1952 à 1964
J. Vercoutter, *L'Égypte éternelle*,
Éditions P.U.F., Collection "Que sais-je ?", 1982
M. Waltari, *Sinouhé l'Égyptien* (2 volumes), Folio n°1297 et 1298
D. Wildung, *L'âge d'or de l'Égypte, le Moyen Empire*, P.U.F., 1984
Découvertes et mystères de l'Égypte ancienne,
revue "Historia Spécial", n°9612, décembre 1996
Égyptomania, l'Égypte dans l'art occidental de 1750 à 1930,
Réunion des Musées Nationaux, Paris, 1994
L'Égypte de Jean-François Champollion, lettres et journaux de voyage,
Photographies Hervé Champollion, Céliv, 1989
L'homme égyptien, sous la direction de S. Donadoni,
Éditions du Seuil "L'Univers historique", Paris, 1992
Naissance de l'écriture, cunéiformes et hiéroglyphiques,
Réunion des Musées Nationaux, Paris, 1982
Un siècle de fouilles françaises en Égypte, 1880-1980,
École du Caire, Musée du Louvre

LE NIL, UNE VALLÉE FERTILE

P. Briant, *De la Grèce à l'Orient. Alexandre le Grand*,
Collection "Découvertes", n°27, Gallimard
I. Kadaré, *La pyramide*, Fayard, Paris, 1992
A. Miquel, *L'islam et sa civilisation*, Armand Colin, 1994
A. Raymond, *Le Caire*, Fayard, Paris, février 1993
J. Varcoutter, *À la recherche de l'Égypte oubliée*,
Collection "Découvertes", n°1, Gallimard
C. Zivie-Coche, *Égypte*, Éditions du Seuil, Points Planète, 1990
Alexandrie IIIe siècle avant J.-C.,
Autrement, Collection "Mémoires", n°19, novembre 1992
Alexandrie 1860-1960,
Autrement, Collection "Mémoires", n°20, décembre 1992
Égypte des pharaons, Revue "Géo", n°129, novembre 1989
Égypte, les oasis et le Haut-Nil,
Revue "Historia Spécial", n°17, mai/ juin 1992
Le Caire, Autrement, Collection "Le monde", n°12
Le Caire, Revue "Muséart", n°17, février 1992
Le Nil, Revue "Muséart", n°37, février 1994

PHARAON, Dieu Incarné

M.-A. Bonhême et A. Forgeau, *Pharaon. Les secrets du pouvoir*, Armand Colin, 1988
P.-A. Clayton, *Chronique des Pharaons*, Casterman, mai 1995
C. Desroches-Noblecourt, *Ramsès II. La véritable histoire*, Pygmalion, 1996
P. Vernus et J. Yoyotte, *Les pharaons*, MA Éditions, 1988
Amenophis III. L'Égypte à son apogée, Revue "Les dossiers de l'archéologie", n°180, mars 1993
Amenophis III. Le Pharaon Soleil, Cleveland, Fort Worth, Réunion des Musées Nationaux, Paris 1992/1993
Ramsès le Grand, Galeries nationales du Grand Palais, Paris, 1976

DIEUX, Croyances et Rites

P. Derchain, *La religion égyptienne*, Histoire des religions I, Encyclopédie de la Pléiade, sous la direction de H.-C. Puech, Paris, 1970
F. Daumas, *Les dieux de l'Égypte*, P.U.F., Collection "Que sais-je ?", n°1194, 1965
F. Dunand et C. Zivie-Coche, *Dieux et hommes en Égypte*, Armand Colin, Collection U, Paris, 1991
A. Erman, *La religion des Égyptiens*, Paris, Payot, 1952
E. Hornung, *Les dieux de l'Égypte*, Éditions du Rocher, 1986
D. Meeks et C. Favard-Meeks, *La vie quotidienne des dieux égyptiens*, Hachette, 1993
S. Morenz, *La religion égyptienne*, Paris, Payot, 1962
C. Traunecker, *Les dieux de l'Égypte*, Éditions P.U.F., Collection "Que sais-je ?", 1992
J. Vandier, *La religion égyptienne*, Paris, P.U.F., Collection "Mana", 1949

LA SOCIÉTÉ, Hommes et Sciences

G. Andreu, *Images de la vie quotidienne en Égypte au temps des pharaons*, Hachette, Paris, 1992
P. Grandet, *Ramsès III, histoire d'un règne*, Pygmalion, 1993
S. Lacouture, *La mort de Pharaon*, Actes Sud, 1989
C. Lalouette, *Au royaume d'Égypte - Thèbes ou la naissance d'un empire - L'empire des Ramsès* (trois volumes), Réédition, Collection Champs, Flammarion, 1995
P. Montet, *La vie quotidienne au temps des Ramsès*, Hachette, 1958
P. Vernus, *Affaires et scandales sous les Ramsès*, Pygmalion, 1993
Catalogue des objets de toilette égyptiens au Musée du Louvre, Vandier d'Abbadie, Réunion des Musées Nationaux, Paris, 1972
Deir el-Medineh, un village antique en Haute-Égypte, IFAO, 1984
Hommes, Sciences et Techniques au temps des Pharaons, Revue "Science & Vie", n°197, décembre 1996

LES TOMBES, Trésors des Pharaons

M. Bucaille, *Les momies des pharaons et la médecine*, Librairie Séguier, 1987
H. Carter, *The tomb of Tut.Ankh.Amen*, volumes I-III, 1923-1933
H. Carter, *La fabuleuse découverte de la tombe de Toutankhamon*, Pygmalion, 1990
C. Desroches-Noblecourt, *Toutankhamon*, Pygmalion, 1988
F. Dunand et R. Lichtenberg, *Les Momies. Un voyage dans l'éternité*, Collection "Découvertes", Gallimard Archéologie, Paris, 1992
G. Goyon, *La découverte des trésors de Tanis. Aventures archéologiques en Égypte*, Persea, 1987
G. Goyon, *Le secret des bâtisseurs des grandes pyramides, Chéops*, Pygmalion, 1982
N. Jenkins, *La barque royale de Chéops*, Éditions France-Empire, 1983
G. Kolpaktchy, *Le Livre des Morts des anciens Égyptiens*, Collection "Mystiques et religions", Dervy, 1991
J.-Ph. Lauer, *Saqqarah, une vie. Entretiens avec Philippe Flandrin*, Rivages, 1988
N. Reeves, *Toutankhamon*, Belfond, 1991
H.V.F. Winstone, *Carter and the discovery of the tomb of Tutankhamun*, Londres, 1991
A. Zivie, *Découvertes à Saqqarah, le vizir oublié*, Seuil, 1990
Saqqarah aux origines de l'Égypte pharaonique, Revue "Les dossiers de l'archéologie", n°146/147, mars/avril 1990
Toutankhamon, Revue "L'Archéologue", n°2, janvier 1994
Vallée des Rois, Vallée des Reines, Vallée des Nobles, Revue "Les dossiers de l'archéologie", n°149/150, mai/juin 1990
Tanis, l'Or des pharaons, Réunion des Musées Nationaux, Paris, 1987

LES TEMPLES, Réceptacle du Divin

J.-C. Golvin et C. Traunecker, *Du ciel de Thèbes*, Paris, 1983
R. Schwaller de Lubicz, *Les temples de Karnak*, Paris, 1982
C. Traunecker et J.-C. Golvin, *Karnak. Résurrection d'un site*, Payot, Paris, 1984
Hatchepsout, femme pharaon, Revue "Les dossiers de l'archéologie", n°187, novembre 1993
Karnak, Revue "Les dossiers de l'archéologie", n°61, 1982
Louqsor. Le temple du ka royal, Revue "Les dossiers de l'archéologie", n°101, janvier 1986
Monuments de l'Égypte, Hazan, 1988
Thèbes, les temples de Millions d'Années, Revue "Les dossiers de l'archéologie", n°136, mars 1989
Thèbes 1 250 avant J.-C., Autrement, Collection "Mémoires", n°2, octobre 1990